ネット選挙時代の空中戦完全攻略本

小野五月
Ono Satsuki

文芸社

はじめに

選挙の勝敗は「候補者本人」と「環境」という要素に、「陣営の士気」と「戦略」を掛け算するという計算式で、ほとんどが決まります。

実際のところ私は、各陣営から選挙の仕事をお受けした時点でこの計算式が頭をよぎり、勝ち負けの想像がついています。もちろん、そんな話をストレートにすることはありませんし、お手伝いする以上、誠心誠意、勝てる選挙にしなければなりません。

冒頭で「候補者本人」と申しましたが、良し悪しを判断する大きな要素には、政治家としての資質と姿勢があります。

次に「環境」には、選挙スタッフや支援者の組織力も挙げられますが、それ以前に、出馬する選挙の種類や選挙区、さらには所属政党などを含めた構図が選挙の勝敗を決定づけることも往々にして見受けられます。

2010 年の統一地方選挙では「〇〇維新の会」と書いたポスターが堂々と貼られ、大阪を中心に近畿から全国に飛び火し「なんちゃって維新」が増殖しました。

これには、マスコミからの批判があったものの、ほとんどの候補者が上位当選し、誰一人として失格になり当選無効になった事実はありませんでした。もちろん有権者の多くは「大阪維新の会」と関係があるものと思い投票したため、気付いた後は「まったく知らなかった」「騙された」と口々に発していたのです。

このように、政党選挙といわれる国政選挙ではなく、身近な地方選挙でも候補者本人より所属政党で当選が決まるということから、構図という候補者を取りまく「環境」は勝敗を大きく左右します。

しかし、構図を良い方向に転換する術がまったくないわけではありません。「勝ち色は似合う色ではない」というのが私の持論ですが、政治家は、選挙という宿命を負っているため、パーソナルカラー（自分色）にこだわるものです。出馬時には、ほとんどの候補者がそれなりの自分色を持っています。

他の候補者と差別化することや目立つことが目的で、私どもでは、この色決めに他のどの作業より時間と労力を費やすことも少なくはありません。

政治家の色を決めるのは、芸能人や一般人が、洋服、装飾品やヘアカラーなどの似合う色を探すのとは、まったく違います。以前、色布を顔にあて、似合う色とその傾向を診断し、シーズン判定（似合う色の傾向がどのシーズンに属するのか判定すること）をするパーソナルカラー診断の専門職を雇ったこともありました。

しかし、そうこうしているうちにこの方法が選挙に当てはまらない（通用しない）ことに気付きました。

現在の手順は、①目立つ色順（選挙区の環境や背景に馴染まない反対色）、②相手候補者（相手候補と差別化を図り優位に立つ色）、③所属政党や所属団体のカラー（政党色を出すことの有利・不利で判断）、④候補者本人の好きな色（候補者のモチベーションを下げない程度）、⑤本人に似合う色（ここでパーソナルカラーの基準に基づき考慮する）といった具合です。

今年に入り、昨年末の総選挙で大勝した自民党代議士の地盤での市長選をお手伝いしたときのことです。市長選は無所属での選挙が多く、その候補者も例にもれず保守系無所属での出馬でした。そしてカラーリングは、おきてやぶりともいえる、自民党代議士のカラーに完全にかぶせるという方法をとったのです。

このような理由から「選挙での勝ち色は、似合う色ではなく環境を重視する」ということになるのです。

私どものキャッチフレーズは、

「現在よりもいいポスターを作りたければ、お近くのデザイン会社に頼んでください。

何処よりもカッコいいポスターを作りたければ、大手広告代理店をあたってください。

一票でも票を増やすポスターを創りたければ、オノ・プランニング・オフィスにお任せください。」

としています。デザイン性に優れただけのポスターならどこでもつくることができますが、候補者の置かれた環境や選挙の構図などを理解してつくる技術こそ、プロとしての仕事だと考えています。

「候補者本人」「環境」が整い、「陣営の士気」がいくら上がっていても、それを活かす「戦略」が乏しければ、すべての要素が台無しになってしまいます。

選挙での「戦略」ではＰＲが欠かせません。単に広告・宣伝を指すと思われがちですが、その意味は日本語的な解釈で、本来はそういう意味ではありません。ＰＲとは、public relations（パブリック・リレーションズ）の略語で「企業・団体などが自らの望ましいイメージ・方針や主義主張などについて多くの人々に知らせて理解や協力を求める組織的活動」を指します。まさに政治家の政治活動や選挙運動そのものです。本書は、私の経験と知識をもとに、政治活動から選挙におけるＰＲを中心とした「戦略」のノウハウを集約したものです。

巻頭特集では、解禁が決定した話題のネット選挙について、私の見解を述べています。

第１章では、業務の紹介を兼ね、政治活動から選挙運動に対する理論を説明しています。

第２章では、単なる情勢調査とは異なる選挙戦略を立てることを目的とした有権者調査においての、直近

２年間の結果を踏まえ、科学的根拠に基づく選挙戦略が構築できるよう実例と共に紹介しています。

第３章では、主に実例を取り上げています。法律というものは必ずしも完璧で平等にできているとはいえません。「公職選挙法」にも同じことがいえ、不完全ゆえに知らなかった、気付かなかっただけで、適法で出来ることもたくさんあります。この章では、実際に行った戦術を惜しみなく紹介しています。

第４章では、かつて販売された書籍にはタブーとされ、一切書かれていなかった選挙違反における解釈の幅を、各地選挙管理員会での見解を含め、グレースケールで色分けした図にてわかりやすく表現しました。知らなかっただけで犯していた違反行為や、一般的に行われている政治活動、選挙運動について詳しく触れています。もちろん選挙違反とわかっていることを推奨するわけではありませんし、最終的には見解の幅をどう解釈するかは、候補者や読者の自己判断にゆだねることになります。

第５章では、ネット選挙の具体的戦略について、過去にＩＴ関連の会社を経営していた知識と、現在、政治家のホームページ制作やメールマガジン作成の指導を中心としたＩＴ事業に関わっている視点から、制作時のコツや注意事項を解説しています。

巻頭特集　ネット選挙解禁の真実

第1章　空中戦コンサルタントとは

第2章　選挙の勝敗は算数で決まる

第3章　目からウロコの空中戦略

第4章　選管も教えない違反基準

第5章　ネット選挙の具体的戦略

巻頭特集

ネット選挙解禁の真実

ネット選挙解禁の真実

1．ネット選挙は始まっていた

ネット選挙解禁（正確にはインターネットでの選挙運動の解禁）が国会で持ちあがりは立ち消え、今度こそ法案にと思った矢先に震災が起きてしまったことでネット選挙解禁どころではなくなり、可決寸前に再び立ち消えたという経緯がありました。

私が現在の選挙コンサルタント業を始めた動機はいくつかありますが、ネット選挙の解禁も、大きなきっかけのひとつでした。この事業を始めた頃は、選挙を専業でやっていく自信もなく、e コマース（ネット通販会社）を経営しながら他企業のＩＴを含めたコンサルタント業も行っていました。当時はＩＴのほうが専門分野であったこともあり、ネット選挙解禁を待ちに待っている状況でしたが、そうこうしているうちに時が経ち、選挙経験も積むことができ、偶然にもＩＴと選挙の双方に詳しい立場になれたのかもしれません。

私の経歴はともかく、すでに政治活動も選挙運動もずいぶん前からＩＴ化されています。政治家がホームページを持つことやＳＮＳ※に参加することを禁じられていたならともかく、今では多くの人、特に若手政治家は十二分に利用しています。

言い換えれば、今回の公選法改正での解禁は、選挙

※ＳＮＳ【social networking service】ソーシャルネットワーキングサービスとは、個人間のコミュニケーションを促進し、社会的なネットワークの構築を支援するインターネットを利用したサービスの総称です。

中の規制緩和に過ぎず、投票依頼がネット上で可能になったというものです。紙媒体に置き換えますと、候補者の名前と写真が掲載された政治活動用ポスターが選挙中にも掲示できるようになったようなものです。

しかし、政界のＩＴ化に拍車をかけることは間違いないでしょうし、それ以上に、ネット関連業者が手ぐすねを引いて待ち構えていることでしょう。

2．1955年生まれがボーダーライン

ネット利用者と年齢の関係は切り離すことができません。1957年生まれの私が、あと4～5年早く生まれていたら、きっとｅコマースの会社を立ち上げることもなかったでしょうし、今のＩＴ社会についていけなかったと、常々思います。

例えば、ＩＴ業界の大物は1955年生まれを筆頭に年々若くなる一方です。

① 1955年生まれ
Steven Paul Jobs（スティーブン・ポール・ジョブズ）アップル社の共同設立者

② 1955年生まれ
Henry Gates III（ビル・ゲイツ / 通称）
マイクロソフト社の創業者

③ 1957年生まれ
孫正義（そん まさよし）
ソフトバンクグループの創業者

④ 1965年生まれ
三木谷 浩史（みきたに ひろし）
楽天株式会社の創業者

⑤ 1972年生まれ

堀江貴文（ほりえ たかふみ）
ライブドア元CEO

⑥ 1984年生まれ
Mark Elliot Zuckerberg（マーク・ザッカーバーグ）
Facebookの開設者

私が疑問を持つのは、これほど若手政治家に有利な法案を通過させた高齢な議員にあるのかもしれません。

3．ネット選挙解禁の目的と実態

今回の公選法改正での解禁の目的は3点あります。

まずは、より多くの有権者に政党や候補者の主義主張、公約や政策などを知らせる手段としての解禁です。

次に、資金の有無に関わらず、公平に選挙運動を行えるようにするための解禁です。

最後に、投票率が低い若年層に対し、ネット解禁により、選挙に興味を持ってもらい選挙への参加を促進する狙いでの解禁です。

しかし、本来の目的通りことは運ぶでしょうか。私は、解禁に反対しているわけではなく、むしろ賛成派ですが、目的の達成とは別問題だと考えています。

後の章で詳しく説明しますが、有権者に知らせる手段といっても、政治家のホームページへのアクセス数はそれほど多くもありませんし、これからも一足飛びにアクセス数が伸びるとは考えにくいものです。

確かに、選挙資金については、今までの政治活動中のチラシやポスター、選挙運動期間中の人件費など、潤沢な資金を持つ候補者が有利になりがちでしたが、ネットでの選挙運動ならば比較的費用がかからない選挙運動のツールとしています。しかし、選挙費用が最もかさむ参院選が解禁の皮切りになることを含め、すでにホームページの制作費や保守料、指導料などで数百万を請求する業者が出現しているそうです。さらに、コピーライターを雇い、ブログやメルマガのライティングを依頼している候補者もいると耳にしています。

とても目的に則しているとは言い難く、若者の投票率の向上についても、ネット投票が実現されない限り、あまり期待できないかもしれません。

4．ネット選挙解禁が与える影響

ネット選挙解禁により、投票行動にどれくらい影響を及ぼすかが、最も関心を寄せるところです。

毎日新聞社が運営する毎日．ｊｐに 2013 年３月 15 日付「2012 年１２月の衆院選後にマーケティング会社が実施した調査（20〜59 歳の 1,011 人が回答）によると、最も投票に影響を及ぼしたメディアとして「ネット」を挙げる人がテレビ、新聞を抜いた。」と掲載されていましたが、とてもそうだとは思えません。

私も同一の調査を 4 年前より繰り返し実施してきましたが、直近２年間の平均値で「第２章の 16 項」に詳しく掲載していますが「選挙期間中の運動のうち、特にどれを判断材料にしますか。」という問いに対し、大いに判断材料にする、少しは判断材料にする、のいずれかで答えた方の総数は、10項目中の４番目でした。

しかも、この結果には、地方選挙も同一の調査を行うため、衆院選（参院選・知事選も同様）で行われる政見放送という重要項目が抜けています。

さらに、この結果を読み解くうえで最も大切な要素は調査方法で、４番目になったのはあくまでもネット調査の結果であるということです。ネット上のアンケートに答えるということはネットのヘビーユーザーであり、一般有権者の数値ではないということになります。

では、ネットに力を入れる必要がないのかというと、そうではありません。前述の調査結果の実数を約半分で捉えたとしても、3～4年前の結果とは2倍近い数値に膨れ上がっています。決して侮れません。

未だに、ネットでの政治活動、選挙運動は意味がないという論者は、考え方が古いと言わざるを得ません。

5．政治家の能力を測るものさし？

ネット選挙解禁により、候補者には今までとは異なるコミュニケーション能力が必要になります。

2000 年頃より本格的に e コマース※が盛んになりましたが、その頃は販売する商品の知識がまったく無くても、パソコン（特にインターネット）に詳しい者が成功した時代でした。

その後は、1 年ピッチで利用者の意識も高くなり、ニーズは次の時代へと変わっていきました。2001 年には前者に加え商品知識を有する者が求められ、2002 年には商品の魅力を伝える術、すなわち掲載画像や商品説明を十二分に伝える技術が要求されました。2003 年にはメールマガジンやブログ等の新しいコミュニケーションツールを用いないと売れない時代へと変化していったのです。

しかし、先駆者が影響を持つのがネット社会であり、今では有名な価格比較サイト「価格 .com」は、1997 年に槙野光昭氏が 1 人で立ち上げたサイトでした。また、現在の楽天トラベルは、1996 年に日立造船コンピュータ取締役であった小野田純氏が中心となって数名で立ち上げた「旅の窓口」というサイトでしたが、その頃は旅行代理店最大手のＪＴＢがいくら資金を投

※e コマース【electronic commerce】エレクトロニックコマースとは、電子商取引。インターネットを介して受発注や決済、契約などの商取引を行うことで、サイバーモール、オンライントレード、ネットオークションなどがあります。

入しても敵わなかったと聞いています。

その方々が、天才的な能力を持ち合わせていることはいうまでもありませんが、インターネットでの成功者は失礼な言い方ですが、ある種の「おたく」であるという共通点を持っています。

ネットでの得票能力と、政治家に必要な能力に共通点があるかというと、いささか疑問を感じます。

6．新法は施行時が注目を浴びる

新しい法律が施行されるときは、どんな法律であってもメディアは大きく取り上げ、それに乗りやすいのが日本人です。

たとえば、道交法でシートベルトが義務付けられた時期には高速道路の入口での取り締まりを常に目にしましたが、今ではその姿もあまりお目にかかりませんし、飲酒運転の検問など、ここ２～３年出くわしたこともありません。

最もこのような指数に敏感なのが、損害保険の保険料です。1994 年（平成６年施行）の製造物責任法（せいぞうぶつせきにんほう）通称ＰＬ法は、現在の保険料と比較し施行時の保険料は 10 倍以上でした。

もう少しネット選挙解禁に近い話で例えますと、第５章でも触れる「個人情報保護法」が施行された 2005 年（平成 17 年）には、私自身も会社の情報漏洩時に備え保険に加入しましたが、その保険料を 50 万円前後支払い、その翌年には同内容で 10 万円になり、さらに 3 年目には 5 万円程度に下がったという記憶があります。

すなわち、ネット選挙解禁が騒がれている参院選のアクセス数は期待以上に膨らみ、普段はあまりネットを利用しない方にまで影響を及ぼす可能性があります。後の地方選でも 2013 年度いっぱいの半年間は、それ相応のアクセスが期待できるものと踏んでいます。

しかし、こちらもマスコミが騒ぎだしたことが後押しした結果であり、騒がなくなる 2014 年度以降は、一旦は和らぎ、徐々に浸透しながら増えていく傾向だと予測しています。

7．怪文書もネット時代に

ネット選挙解禁は、高齢者に限らず、若手政治家にとってもよいことばかりではありません。

今までは、ポスターが破られたり、怪文書が撒かれたりといった程度でしたが、ネット上ではさらに卑劣な行動があるということを覚悟しなければなりません。

今回施行されることが決まった参院選以降の選挙では、なりすましの誹謗中傷を懸念し、メールマガジンの使用を政党および候補者に制限するとありますが、どこを持って候補者と判断するかは、衆参を通過した現在も詳細を詰めているのが現状です。

秘書や事務所スタッフの代筆は許され、送信欄に候補者からのメールであると一定の文章を記述することまでは概ね決まっているようです。

しかし、フィッシング詐欺※を代表するようにインターネットの詐欺の手口は年々巧妙になっています。さらに、特定の個人や団体を標的としたスピア型で、ハッカーが本気で攻撃すれば、犯罪に結びつけることさえ容易ではありません。

私が考える解決法のひとつは、管轄の選管が選挙用メルマガ専用のメールアドレスを配布し、すべての公的な媒体（公営掲示板ポスター・選挙公報・選挙はが

※フィッシング詐欺【phishing】とは、実在する金融機関や企業などを装った偽の電子メールやウェブサイトで、クレジットカードの番号や暗証番号などの個人情報を不正入手する詐欺行為です

きなど）に、付与されたメールアドレスを掲載する。そのメールアドレス以外からのメールはなりすましと判断する方法が的確かと考えますが、いずれも前者のようなハッカーに対抗する手段ではありません。

最終的には「案ずるより産むが易し」になるかもしれませんし、初めての試みは、やってみなければわからないということです。

8．ネット投票は根底を変える

これからのインターネットと選挙の関係といえば、本章のはじめにも述べましたが、本当の意味でのネット選挙解禁です。今回解禁されたネット選挙運動ではなく、ネット投票への可能性なのです。

私は、ネット選挙運動の解禁は、ネット投票を実現するためのステップだと捉えていますし、そのために賛成をしているのかもしれません。

海外では、数年前から電子民主主義というコンセプトが形成され、ネット選挙運動とは、政党や候補者が、インターネットを使って国民にメッセージを伝え、そのメッセージに対し国民からの反応もインターネット経由で受け取ることですが、その最終目標は、どの国も投票する行為に至ることを目標としています。

すでに、イギリス、オランダ、スイスなどではインターネット投票することができ、なかでもイギリスでは、2007年の地方選挙で、有権者は、電話、インターネット、公共図書館、郵便、投票用紙など 5 種類以上の方法で投票ができました。

あらゆる技術を駆使したことでしょうが、日本も本気で取り組めば、同じことができる技術はあるのです。投票率向上の啓発ポスターなどに費用をかけている場合ではありません。

様々な障害があることは承知していますし、組織票を中心とした政党は、もちろん投票率があがることを好みませんから、阻止しようとするでしょう。

しかし、今後の選挙の課題は、投票しやすい環境をつくることが最も大切であり、それが政治の力でもあり、民主主義だと感じます。

9．付録１：公営掲示場も電光掲示板に

ネット選挙解禁の目的であるはずの、資金力のある政党や候補者が有利になることを避けるといったことに関しては、まだまだ課題が残りそうです。

現在の公選法では、公示前（告示前）は、政治活動というラインを引き明確に区別している理由から、政治活動用ポスターにサイズや枚数制限がありません。

しかし、わざわざ選挙運動期間の直前まで弁士型ポスター（２連ポスターなど）を選挙前の名前や顔を売り知名度をあげる目的以外で掲示する候補者は、事実上皆無といっても過言ではありません。

また、前述のポスターにはほとんど規制がないわけですから、現実は資金力がものをいうわけです。作成費以外にも、掲示をお願いするのに業者を雇うことができますし、貼るためのスタッフや作業員に対価を支払うことも可能です。言い換えれば、選挙運動より、政治活動はさらに資金力がものをいう仕組みだということです。

さて、本題の公営掲示場ですが、こちらは公費（すなわち税金）で支払われますが、１枚当たりのコストやそれを貼る労力を考えますと、近い将来は電光掲示板に変わることが想像できます。

デメリットは、導入時のイニシャルコストですが、10 回前後の選挙で現在のポスター上限額から換算しますと見合う額かと考えられます。

メリットは、労務者（貼り手）の人材確保が不要になることはもちろんのこと、ボタンを押せばプロフィールや主義主張のページに切り替えることや、日々新しい情報に差し替えることも可能になります。

10. 付録2：掲示場ポスター番号の価値

公営掲示場のポスターには必ず番号が振られています。その番号を決めるルールは管轄の選管により異なりますが、大きくは2種類の方法が採用されています。

1つ目は、受付順におみくじのように番号が振られたものか、紙に書かれ見えないようにされたものを引き当てる方法です。

2つ目は、前述で決めた番号順に掲示場の番号を選択する方法です。この方法が最も多く採用されています。

さて、掲示場の番号で最も喜ばれるのが1番ですが、その理由は「目立つ場所」「縁起がよい」ということです。しかし、一概にそうとは言えないことが往々にしてあるのです。

① 番号がランダムに並んだ掲示場がある

番号がランダムに並んだいくつかのパターンの掲示場が設営され、同番でも貼る位置が異なる

② 下の段は雪で埋もれた

2012年12月の衆院選では、予想以上の寒波に襲われたことから、下部（基本的には偶数）に貼られたポスターが半分以上埋もれた場所があった

東大阪市議会議員選挙では、2007年（平成19年）までは番号がランダムに並んだいくつかのパターンの掲示場が用いられていましたが、2011年（平成23年）より、間違って貼るケースが多いことから連番に変更されました。

本来、第三章の「目からウロコの空中戦略」に記す内容であり、この項の締めとして相応しくないかもしれませんが、よい番号を引き当てる秘訣を紹介します。

候補者が多い市議選では真ん中に埋もれないようにしたいものです。最後の番号を引き当てるには、候補者の全員が届け出を済ませた後に、届け出をすれば自ずと最後の番号になるのです。

第1章

空中戦コンサルタントとは

1. 選挙運動はマネージメント・サイクル※

候補者は、選挙の時期が近づくにつれ「何をすればよいか」「今進めている戦略や方向性に間違いはないか」「準備万端といえるのだろうか」と、必ずと言っていいほど迷うものです。じっとしていられない気持ちから、朝夕は駅に立ち、昼間は企業や友人、知人への挨拶回り、そして選挙区のお宅への戸別訪問といった、オーソドックスというより、ベタな政治活動を繰り返してしまうものです。

今までのやり方や伝授されたことの受け売りで何の根拠もない活動をしているなら、計画性に乏しく非効率この上ない戦略、戦術と言うしかありません。時間・資金・人材といった限られた条件の中で効率良く票を獲得することも、政治家としてとても重要な能力です。

基本的には、次の順序で進めるしかありません。

① すべての戦略を書き出す
　思い付く限りの選挙運動の手法を書き出してみる。
② スクリーニングする
　費用（労力）対効果を考え、良いものに絞り込む。
③ スケジュールを立てる
　優先順位をつけ、時期と量（頻度）を決める。

※マネージメント・サイクル【management cycle】とは、計画・組織・指令・調整・統制という五つの機能の循環と過程およびそれらの繰り返しを指します。

④　実行に移す
　　スケジュール通り忠実に実行する。

⑤　確認をする
　　定期的にチェックし､問題点があれば軌道修正する。

　一度決めたことはスタッフ全員で守ることが大切で、候補者の思いつきで変更しないことです。どうすべきかの具体的な方法は、本書の続きをお読みください。

2．あなたはどっち派？

次に大切なことは、候補者の器量です。スピーチがうまい、立派な政策を掲げている、いつも低姿勢である、体力がある、泣き言をいわない等、そういった資質もすべて無いよりもあるに越したことはありませんが、最後の切札は、やはり器量なのです。

かつて自販機でミネラルウォーターが売り出されたのを目にした私は、水をガブガブと飲むことから「便利になった」としか思いませんでした。

しかし、その光景を見たうちの１人は「水まで買う時代か…」と嘆いたそうです。また、もう１人は「水を売ることさえ商売になる！」と感激したそうです。三者三様の考え方がありますが、少なくとも前者のネガティブな考え方より後者のポジティブな考え方でなければ、候補者に人はついていきません。

ポジティブバカでは困りますが、危機感と現状把握を忘れないポジティブ路線を候補者が持ち続けることが、選挙戦を乗り切るためには欠かせません。

例えば、候補者が10の時間、10の資金、10の人材を保有していれば、合計で 30 を持っていることになります。さらに、その数字に候補者の器量という要素を掛け合わせます。器量が1ならば30のままですし、器量が 10 ならば 300 になります。

「部下がついてくるかどうかは、リーダーが苦しんだ量に比例する」と、ロータリーエンジンの実用化に成功した山本健一氏は、とても良い言葉を残されました。

当選するという絶対的目標に向かうにあたって最後の最後は候補者の器量次第ということです。

3．私はバッティングコーチ

日本国内での同業者は、選挙に呼ばれたときだけ助っ人に入られる「自称選挙屋さん」など個人でお手伝いされる方を含めますと、100 人以上おられるかもしれません。しかし、専業でスタッフを抱え、組織的に活動されている同業者はごく少数で、私の知る限りでは10社前後ではないでしょうか。また、そのほとんどが、選挙全体を統括する参謀という立場を引き受けられているようです。

しかし、私は細分化した「空中戦」に徹した仕事をさせていただいています。病院でたとえるなら、耳鼻科や皮膚科ほど狭い範囲の専門医ではなく、外科や内科といったほうが適当かと思います。その立場から、常々「空中戦コンサルタント」と称しています。

さて、「選挙に勝つために必要な役割」を、わかりやすく野球チームに置き換えてみましょう。強いチームをつくるのに欠かせないのは、優れた選手以外にも、監督、守備コーチ、打撃コーチ、そして応援をしてくれるサポーターです。

選手はもちろん候補者で、監督は選対本部長。そして「地上戦」は、目に見える特定票を固める戦術から守備コーチが担当する。守備は票を増やすよりも票を減らさないため「守る」ことが重要な役目です。支持者、支持団体を回って投票を訴えることができ、人脈のある地元有力者や地元議員が受けるのが通例です。

そこで、外部から参加する私は打撃コーチを担当することになります。浮動層の支持を獲得するために「攻める」のが「空中戦」で、目に見えない不特定多数の票を集めるお手伝いをさせていただいています。

4. これが空中戦

不特定多数の票を集めるといいましても抽象的で分かり難いと思いますので、具体的な空中戦の仕事を大きく５つの項目に分けて説明します。

① スケジュールづくり
② イメージ戦略の構築
③ 空中戦の組織づくり
④ 集会計画
⑤ 街頭活動計画

まず、候補者はもとより組織的な動きやツール制作における投票日までのスケジューリングを行います。

次に、イメージ戦略の構築とは、文字通り候補者ＰＲのイメージを固めることです。幾度かのヒアリングを重ねて候補者の思いを取り入れ、コンセプト化します。カラーリング、シンボルマーク、キャッチフレーズを決め、ポスター、ビラ、看板やホームページ等、統一したイメージでのツール制作を行います。

次に、空中戦に必要な組織づくりを行います。人材の確保やボランティアの募集、会議運営、実務指導、モチベーション強化などが主な仕事です。

次に、箱ものを中心とした集会の計画を行います。

決起集会、出陣式、選挙戦での演説会等がこれに含まれ、その日程や規模、場所や弁士の手配等を行います。

最後に、街頭活動計画です。駅頭やその他ＳＰ※の場所決めや時間配分、政治活動用自動車や選挙運動用自動車のルート制作などが主体となります。

この 5 つの計画と実施を「空中戦」と呼び、目に見えない票を集め、浮動層の支持を固めるのです。

※ＳＰとは、スポット演説の略称です。一般的には交差点、マンションや団地、ショッピングセンターの出入口周辺などで行う演説のことを指します。

5. ビラづくりも大変

前項では、空中戦の仕事を 5 つの項目に分けて紹介しましたが、その中の「イメージ戦略」から「ビラ制作」を取り上げてみます。政治活動の範囲でのビラを制作する想定で以下のとおりご紹介します。

① デザイン
② 内容や記事
③ 使用方法
④ 使用時期
⑤ 違反確認

まず、デザインとは、主に形状やレイアウト、魅せ方になります。ビラは見てもらえることが大前提です。ビラ等の文字が多いものを制作する場合、見た目の印象だけでなく、キャッチコピーで興味を持ってもらえるかで勝負は決まります。キャッチコピーは読まなくても目に飛び込む、すなわち、デジタル時計ではなくアナログ時計の性質が必要で、10文字以内が原則になります。キャッチコピーで興味を持った方は、リードコピーに進みます。リードコピーで興味を持つと、ボディを読む、といった起承転結の流れが要求されます。

次に、本人のＰＲ箇所の確保や主義主張、政策や公約が有権者のニーズを反映しているかどうかなど、記事や内容のチェックが必要になってきます。

次に、無作為に配布しても効果は半減するため、使用方法（配布方法・配布場所）と使用時期（効果的なタイミング等）をターゲティングする必要があります。

最後に、前述の内容と手法が公選法上の違法、脱法にならないかどうかの確認が要求されます。

6．量より質

政治活動時のＰＲ活動で、スタッフの屋外活動の最も重要なものに街頭でのビラ配りが挙げられます。お手伝いをされる方の態度や言動が、ＰＲ活動の生死を分けることになります。

もちろん、配布枚数の目標設定も必要です。例えば、ある程度の通行量がある場所では、１時間１人当たり 100 枚ほどが上限配布枚数になります。５人で２時間行えば 1,000 枚といった単純計算の目標は立ちます。

しかし、その目標を上回り 1,200 枚配れたとしても手放しで喜ぶことではありません。有権者 1,000 人に行き渡るより 1,200 人のほうが良いことに違いはありませんが、受け取った方の感じた印象が最も重要であり、その印象こそが票を左右するのです。

すなわち「量より質」です。あまり無理をし過ぎるとイヤイヤ配っているのが一目でわかり、挙句には壁にもたれ込んでいるスタッフまでいるような始末にもなり兼ねません。そんなスタッフからビラをもらっても、横で演説している候補者を応援しようと思う人は１人もいません。お手伝いされているスタッフ自身の気持ちも「やっている」では無く「やらされている」に傾いているのでしょう。確かに、２時間も同じビラ配りをしていますと、気持ちはどうであれ、よい態度、よい姿勢を保ち続けるのは難しいものです。

時間をかけて 1,200 枚を配ったものの「感じがいい」と思って受け取った方が 100 人しかいないより、1 時間で切り上げて 500 枚しか配れなかったとしても、その 1 時間に集中して 500 人の有権者の心を動かすことのほうが、大いに意味があるといえるのです。

7．迷った時は他力本願

選挙に臨む候補者の心理とは、想像以上に孤独なものです。秘書や事務所の方や選挙をお手伝いしていただいている支援者の方々など、周囲の方がいくら多くいらっしゃったとしても、最後は自分との戦いになり、迷いが生まれ、幾度となく窮地に追い込まれる状況が生じます。そのようなとき、候補者の相談相手になることも、コンサルタントの大事な仕事です。

どんなに経験を多く積んできた候補者でも、自分自身の選挙の経験は多くても 10 回程度であり、私が選挙に携わる回数の 1 年分相当に過ぎません。

また、どの候補者も、いざ自分の選挙となると、右の方向を選ぶことが正しいとわかっていても、確かめるために誰かに相談したいものなのです。

しかし、その相談相手は意外と少なく、本当の胸の内を明かせないというよりも、多くの意見を聞き入れることで、考えがブレることを恐れるのでしょう。

私たちは、プロとして余計な邪念を抱くことなく、冷静かつ外部からの視点で正確な判断を下すことができます。「私も右を選びます」と言う同じ答えを聞くことで、候補者は安心を確保するのです。

当然、左が正しいと思えば左と言いますが、その場合もお互いが納得するまで議論を重ねます。

以前、ネット通販の会社を経営していた折、日本最大手の経営コンサルタント会社と３年余り契約し、ネット通販部門のチームリーダーにコンサルティングをお願いしていたことがありました。ノウハウを教授いただくことよりも、迷ったときの相談相手としての存在が、何よりも大切だったのです。

8．船頭多くして船山に登る

この仕事で最も苦労するのは、候補者ご本人の意見や悩みではなく、外野の意見です。もちろん外野と申しましても地元議員の先生方や候補者の支援者の皆様なので、到底無視をするわけにはいきません。

選挙は、数年に一度しかないお祭りのような特性を持っており、選挙好きな方の中には、お祭り気分で参加される方も多くいらっしゃいます。地元議員の先生には、10 回近く当選された経験をお持ちで、さらにはご自身以外の選挙にも関わった数も含めれば 20 回、30 回という方もいらっしゃいます。確かにある程度は選挙に詳しいのですが、プロは大なり小なり 1 年に 10 回前後の選挙に携わります。どんなに経験が豊富で選挙が三度の飯より好きだという方であっても、年間を通して選挙のことしか考えないという、我々プロのような方はいないでしょう。

もっと悲惨なことに「船頭多くして船山に登る」の言葉通り、指図する人が多いために、方針の統一が図れないまま物事が見当違いの方向に進み、運営すら危うくなるといった光景も多く目にしました。そうなってしまうと、候補者の考え方や方向性もブレブレになり、初志貫徹などという言葉とは程遠い状態となるため、結局はまともな選挙はできません。

もちろん、私のほうに問題があり、説得力の無さで信頼をしていただくことができなかったことが原因かもしれません。

なるべく全員の意見を聞き入れたうえで、プロとしてそうならないようにジャッジを下し、周囲の方ともコンセンサスが図れるように努めています。

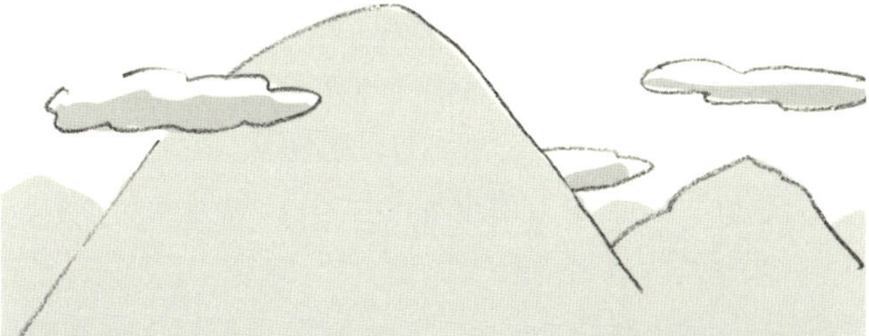

9．専門家とプロ

私も最初から選挙のプロとして仕事を開始したわけではありません。いくら販促企画・商品開発に携わり、ＰＲや販促を専門とし、ＩＴ系の会社を経営しているといっても、まったくといっていいほど選挙の経験がない私に、対価を払い雇おうとする物好きな陣営はどこにもありません。

月並みですが、最初はボランティアで知人や友人の選挙をお手伝いしたことがきっかけでした。確かにその頃は本業と近いこともあり、広報関係についてのお手伝いをし、それなりに重宝されてはいました。しかし、いま思えば、所詮「選挙のプロフェッショナル」とは程遠い「選挙経験も多少はあるという程度の広報の専門家」に過ぎなかったのです。

どの職業にも言えることでしょうが、現在のプロとしての関わりと、ボランティア時代での関わりとでは、天と地ほどの違いがあります。まず、知らない候補者の仕事に携わること。それに、なんといっても対価をいただくことです。

また、地元候補者のお手伝いでは、私自身も有権者であり、家族や親戚をはじめ友人や知人からの票を集めることができるばかりか、ボランティアスタッフを集めることさえできます。しかし、見知らぬ土地の見知らぬ候補者の仕事となれば、状況は一転します。候補者や陣営にとっては、プロを雇い入れるわけですから、期待を裏切らない仕事をすることが鉄則です。

再び野球にたとえますと、プロとしての現在は最低でも「2軍コーチ」であり、広報の専門家であった当時の私は「草野球のコーチ」だったのでしょう。

10. 対立候補は憎まずに倒す

ボランティアとして参加していた頃は、必死でやればやるほど相手候補のことが嫌いになり、さらには憎くさえ感じていました。それは感情的になっている証拠でもあり、冷静な判断を欠く恐れがあるため、プロとしては失格です。

その心境は、日本の敵国であった米国と日本の同盟国であったナチスドイツとの第二次世界大戦での戦いをテーマとした米国製作の戦争映画を観ているうちにだんだんとドイツ軍が憎くなってくる感覚と似たようなもので、心理的要素が大きく影響しています。確かにドイツ軍上層部の一部は戦後も良い評価を受けていませんが、軍人の多くは決して悪い人ばかりではなかったはずです。

選挙に置き換えても、一部の例外を除けば、対立候補が本当の悪人であったり、絶対的に不適格な候補者であることのほうが少ないといえます。

プロは、相手候補をあくまでも「戦いの相手」と認識し、絶対に倒さなければならない敵として冷静に分析していきます。スポーツマンシップに則ったスポーツ競技と似ているようですが、そのような綺麗ごとだけで選挙は勝てないということも十二分に心得ており、敵を倒すためには、ありとあらゆる戦略をたて、状況に応じた戦術を駆使し、勝利する方法を論理的に構築、実践していきます。

選挙戦とは、相手候補が「嫌いだから倒す」あるいは「憎いから倒す」という戦いではなく、「敵だから倒す」ということに徹するべき戦いなのです。

選挙は、常に合法的な「命を懸けた戦い」です。

11．机上の空論

私の選挙の学び方は、すべての選挙業務を一通り経験することでした。ボランティアに混ざってのポスター貼り、ビラの配布、電作※、証紙貼り、名簿整理などの地味な作業を経験したうえで、大きな選挙での選対本部長や副本部長なども引き受けてきました。

指揮官としてだけではなく、他のボランティアの方々と同じことをすることで、次々と新しい発見があります。

例えば、ポスターを貼るためのワッポン※は、人によって様々な場所に貼りつけるため、せっかくのポスターが美しく見えません。そこで考えたのがワッポン貼付位置を示すマークです。(右頁参照)

また、掲示場ポスターの貼付から、政治活動用ポスターの貼り替えに至るまで、どの程度の人力と時間を要すかの試算ができるようになります。

ビラの頒布※にしても、駅頭頒布は、通行量を見れば一目で１人１時間当たり何枚ペースの頒布できるかも読むことができ、実際、そこから割り出した枚数を作成するようにしています。同じように、ポスティングの労力も心得ています。

しかし、選挙は、現場経験の無い方が口を出すこと

※電作とは、選挙運動で行う電話作戦の略語です。
※ワッポンとは、一栄株式会社が販売するポスター貼付用シールの商品名です。
※頒布とは、不特定多数に配布することを指します。

が多く、やっかいな目にあうのは、現場を担当するボランティアの方々です。

また、裏付けもなく票を読みだす人が必ずといっていいほど出現します。特に目につくのは、投票率談義で「投票率が上がれば有利や不利」「投票率が下がれば有利や不利」という会話です。

ほとんどは、科学的根拠に乏しい机上の空論です。

12. 勝率が高い選挙参謀は大きな選挙の経験がない

私たちの同業者のなかでも「勝率 80% 以上」や、中には「勝率 90% 以上」という実績を耳にしますが、勝率は選挙の種類で大きく異なります。

例えば､4人区の都道府県議選で5人が立候補すると、当選確率は 80%。20 人区の市議選で 25 人が立候補しても、当選確率はやはり 80% になります。

また、こういった議員選には、大抵の場合、候補者の中に泡沫候補が含まれています。私たちが携わる選挙は「やや優勢」「当落線上」「やや劣勢」のいずれかの候補者からのオファーが多く、最初から当選確実の候補者や、全く戦いにならない泡沫候補からお声がかかる可能性は極めて少なくなります。そこで、勝率の計算は、泡沫候補を差引く必要があります。泡沫候補を 10%として差引けば、当選確率は自ずと 90% まで上がる結果となります。

しかし、首選※になりますと、1 人の当選者に対し、2 人から 5 人の候補者が立候補することになり、50% から 20% の当選確率となります。衆院選小選挙区の場合も、大抵 3 人から 5 人が立候補することになり、平均 25% の当選確率となります。

つまり、首選や衆院選小選挙区など比較的大きな選

※首選とは、首長選挙の略語です。知事・市長・町長・村長などを首長ということからその選挙の総称を首長選挙といいます。

挙で当落線上に近い候補者のお手伝いをした場合の当選確率は 25% 前後となり、都道府県議選や市議選など議員選での 80~90% という当選確率とは大きな違いが生じます。

都道府県議や市議選のみの 80% ならば何も仕事をしていないのと同じで、大きな選挙のみで 50% 以上の成績ならば立派な成果といえるのです。

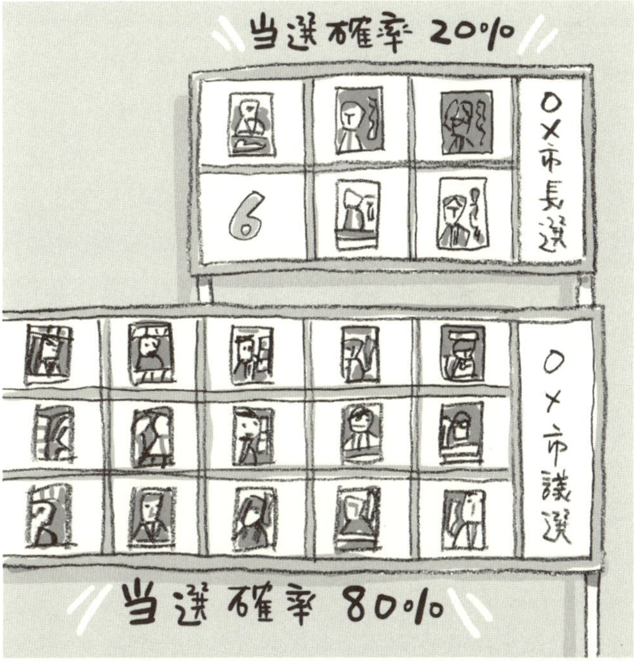

13. 民主党はポスターの質を上げた

私がこの仕事を専業にするにあたっての動機は前章でも述べましたが、一番のきっかけは、街頭に貼られているポスターでした。

一歩どこかの店に入ると飲料メーカーのポスターが目立ちますが、一方、屋外では、英会話学校や探偵、ピースボートの世界一周の旅などを筆頭にした企業や団体のポスター、映画のポスターや大小イベント関連のポスター、そして政治関連や選挙関連のポスターと、大きく3つのジャンルのものが貼られています。

大手企業のポスターや映画のポスターは、大手広告代理店に高額なデザイン料やタレントのギャランティを払ってできあがった代物ですから、カッコイイに決まっています。街のイベントポスターも、多くはデザイン会社が制作したものです。

しかし、政治関連や選挙関連のポスターはどうでしょうか。中には洗練されたものもありますが、大半は直接印刷屋さんに候補者本人か周囲の方がやり取りをして頼んだとしか思えないポスターで溢れかえっています。ひどいものでは街の景観さえ壊しかねないものまで存在します。

5歳から絵画とデザインに向き合ってきた私にとっ

ては、とても我慢できない状況でした。「まずは政治活動や選挙運動のＰＲ媒体を洗練されたものにしよう」という思いと、同時にビジネスとしてのヒントを感じ、この仕事をする決意を強くしたのです。

2009年の政権交代時の衆院選あたりから、民主党を中心に、政党や若手の新人議員の広報物は、少しずつ洗練されていく変化を感じるようになりました。

14. 奇跡の１枚が勝敗を分ける

ポスターや名刺、リーフレットやビラといったすべての紙媒体の選挙ツールに使用する候補者の写真については、特に慎重に選ばなければなりません。

私は、撮影の都度、勝負写真とする「奇跡の一枚」を手に入れるということを心掛けています。前項でも述べましたように、選挙戦すべてに露出する写真やデザインを統一し、一貫させるということは、イメージ戦略として最も重要な要素です。

写真というものは面白いもので、撮影時にどれだけスキルの高いカメラマン、スタイリスト、ヘアメイクを擁しても、必ずしも良い写真が撮れるとは限りません。たった 1 枚のために、何度も撮影したケースも少なくありません。それほどまでに「奇跡の一枚」は重要なのです。

なにぶん、選挙で使用する写真は、運転免許証やパスポートに使用する証明写真とは異なり、多くの規制がありません。言い換えれば、深く帽子をかぶり、斜めを向き、タバコをくわえていても許され、さらには 10 年前の写真に多少の修正を施して使用しても選挙違反にならないということです。確かに、証明写真と目的は異なりますが、そうした写真を使用したポスターを見た有権者は、写真の人物が候補者本人であることを疑うことなく貴重な一票を投じるのです。

民主的なルールで行われる選挙に使用される候補者写真に明確なルールがないことには、いささか疑問を感じざるを得ません。しかし、候補者全員が同じ土俵で戦う限り、この理不尽さをも最大限に利用するしかないのです。

パスポート用の写真は、申請者のみが撮影され、申請の日前6ヶ月以内に撮影されたもの、顔の寸法は、頭頂（髪を含む）からあごまでを満たしているもの、縁なし、正面向き、無帽、無背景のものと、厳しい制約があります。

15. 笑っているポスターは反感を買う

掲示場に貼る選挙ポスターや街頭で貼られている政治活動用ポスターには、歯を出して笑っている顔写真が多いようです。

候補者本人の意思よりも周囲、特に後援会などの支持者が笑っている写真を勧める傾向にあり、その真意には、いくつかの理由があります。

候補者と接する機会が多いため、色々な顔を見慣れ、そのせいで、笑っている顔が良いと錯覚する。

または、すでに笑っている顔のポスターが多いため、右へならえしてしまう。

候補者本人が自分の顔写真を選ぶという作業に混乱し、後援会などの支持者の意見を有権者の意見と勘違いして勧められるままに選ぶところから、間違いが始まります。選ぶ人が候補者に近い存在であることが原因で、一般有権者とは全く視点が異なるのです。

一概に笑っている写真を否定しているのではなく、不自然な笑いに疑問を感じているのです。政治家は、一般人より写真慣れしているとはいえ、モデルやタレントではありません。自然な笑顔を撮ることが難しく、無理に笑顔をつくろうとしても、写真は正直で、すぐに見破られてしまいます。

今までに実施させていただいたポスター調査では、笑っているポスターの半数以上が反感を買うという結果が出ています。コメントには「何を笑っている」「ニヤニヤしやがって」「しっかりしているように見えない」など。なかには、さらに意味もなくガッツポーズをしている写真を使われているポスターもありますが、まず間違いなく反感の的になっています。

16. くだらないスピーチ

「明日の天気は変えられないけど、明日の政治は変えられるのです」と、2012 年 12 月の衆院選で堂々とこんなお粗末なスピーチをされた候補者がいました。言葉の間違いの問題ではなく、面白くもなく、内容が軽薄すぎます。

スピーチ力は、想像以上に投票行動を左右し、選挙戦では、候補者に求められる必須の技術になります。「私は人前でしゃべるのが苦手で…」こんなことを言っている政治家には、即刻退場を願いたいものです。「歌が下手」と言う歌手や、「笑わせるのが苦手」と言うお笑い芸人のようなものです。

政治家は、社会のリーダーとして国や地方行政を正すことが役割であり、そのために「選挙」という民主主義に則った手法で選ばれるものです。

選ばれる際はもちろん、選ばれてからも、大衆にうまく伝えることが大きな仕事のひとつだと考えます。

上手なスピーチには、以下の要素があります。

① 抑揚がきちんとつき迫力がある
② 笑いを適度に入れている
③ 難しいことをわかりやすく説明できている

④　テーマが明確で聞き終えた後に中身が残る
⑤　聴衆が最後まで聴きいっている

政治家の演説で「演説はうまかったけど中身がなかった」という評価をよく耳にします。どれが欠けても「本当にうまい演説」とは決していえないのです。もっと欲をいえば、完璧なスピーチとは、聴衆に感動を与えるものなのです。

17. 演説がうまい政治家はディベートに弱い

詳しくは次章で説明しますが、投票する際、判断基準にするものの１番に選挙公報が挙がります。ポスターやビラにはどの候補者もどの陣営も神経を使われますが、意外にも選挙公報※については素通りなのです。

冷静に考えれば、ポスターには顔が写っていても、何をするのか、何をしたいのかがわかりません。本当に選挙に行く人の多くは、選挙公報をしっかりと読み、主義主張や公約を確かめてから投票するのです。

さて、次に判断基準にするものは、候補者討論会で、討論会では、演説とは異なりディベート力が必要です。政治家で、演説はうまいが討論が苦手といえば、漫才で賞を獲得した最高に面白い漫才師が、バラエティ番組にパネラーで出演すると、アドリブが言えず、フリートークが苦手というのと同じようなものです。

演説は訓練や慣れである程度上達するものですが、ディベートはそれだけでは上達しません。やはり知識がものをいうようになります。話題に挙げられると想定できる事柄はもちろん、広義において常に勉強していれば回答に迷うことはありません。後は、演説同様、場馴れが解決してくれるはずです。

しかし、実際は演説とディベートの双方に長けた政

※選挙公報とは、公職選挙法に定める選挙において、選挙管理委員会が発行する候補者の氏名・経歴・政見などを掲載した文書で、有権者に無料で配布されるものです。

治家は少ないように感じます。橋下大阪市長の人気は、そのあたりが秘訣なのかもしれません。

また、スピーチやディベートで相手候補の名前を出してはいけないというスピーチライターもいるようですが、頑なに名前を出さないことは不自然さを感じさせます。ウグイス※の良し悪しの判断論で、候補者が相手候補の名前を出したくらいで票に影響はないのです。

※ウグイスとは、選挙カーや船舶の上で候補者の名前を連呼し、当選を促す選挙運動ための車上運動員のことで選挙用語で「ウグイス嬢」といいます。多くは雇用された人のことを指します。また、男性はカラスと呼びます。

18. 市町村議選は1万円の買い物

市議（市会議員または市議会議員）、町議、村議の総数は 21,354 人で、平均年収は、平均報酬（給与）495,000 円 / 月に平均期末・勤勉手当（ボーナス）1,658,000 円を加算した 7,598,000 円でした。

国民人口を 1 億 2,500 万人とすると、1 億 2,500 万人 ÷21,354 人＝5,853 人になり、5,853 人に 1 人の市町村議が選出されているということです。

次に、7,598,000 円 × 任期 4 年 ÷5,853 人＝5,192 円が、国民 1 人あたりの議員に支払う賃金の税負担額になります。そこに、政務調査費や議会運営に関する費用、さらに 4 年に 1 度の選挙費用を加算します。少なくとも国民 1 人当たりが負担する税額は、1 回の選挙で 1 万円を超えてきます。

今回は、市町村議にスポットを当てていますが、都道府県議、さらに国会議員（衆参）と加えていけば、大変な額になることはいうまでもありません。さらに、国民 1 人当たりの額に加え、未成年や選挙権のない人の負担分も有権者に加算される計算になります。

さて、市町村議に話を戻しますが、もし投票する権利が、投票権ではなく商品券だとしたらどうでしょう。誰も放棄する人はいないのではないでしょうか。すな

市町村議の総数および報酬は、総務省「平成 18 年（2006 年）地方公務員給与の実態　特別職関係」、総務省「平成 19 年 6 月・12 月期末・勤勉手当を支給」をもとに推計したものです。

わち棄権することは、この商品券を使わずに捨ててしまうということです。

投票率を向上させるに当たり、様々な議論はあるでしょうが、投票済証として、市町村のみで使用できる1,000 円程度の商品券を渡すアイデアも捨てたものではありません。

すでに1万円以上の税金を投入しているのですから。

19. 無投票当選は最高のシナリオ

「戦わずして勝つ」という「孫子」の兵法※の基本的な考え方に則しています。少し解説をつけますと「敵国を傷めつけず勝つことが最善の策で、敵国を打ち破って勝つのは次善の策である。したがって、百戦百勝が最善の策ではなく、戦わないで相手を屈服させるのが最善の策である」と、謀攻篇には記されています。

2011年の統一地方選挙では、立候補者20,135人中、7.4%に当たる1,494人が無投票で当選しました。※

① 都道府県議選挙……….410人
② 政令市長選挙…………1人
③ 一般市長選挙…………15人
④ 一般市議選挙…………116人
⑤ 特別区長選挙…………1人
⑥ 町村長選挙……………58人
⑦ 町村議選挙……………893人

無投票当選と聞きますと、候補者が選挙に強いという印象よりも、立候補しない相手候補への情けなさが脳裏をよぎりがちですが、一概にそうともいえません。選挙の戦略として、出馬表明から政治活動を完璧な状態で進めることにより、他候補が出馬自体を諦める

※「孫子」の兵法とは、中国の春秋時代(紀元前770年～前403年)の武将、孫武の著とされる兵法書です。

ことがあります。これを無投票当選といい、選挙はあるが投票が無くなるという状態です。立候補の届出は、公示日（告示日）の午前 8 時 30 分から午後 5 時までが受付時間です。締め切りまでに他候補からの届出がないと当選が決定し、万歳三唱となるわけです。

したがって、ときと場合によっては、無投票当選を目指す戦略を立てることも考慮しなければなりません。

※無投票当選人および候補者数に関するデータは、総務省「平成 23 年（2011 年）における統一地方選挙の集計」をもとに推計したものです。

20. 経験＋知識＋理論＋根拠＋発想

空中戦を指揮するためには「経験」「知識」「理論」「根拠」「発想」の５つすべての要素をバランスよく身につけていることが必要だと思います。

まず「経験」は、色々な立場での経験はもとより作業全般を自身でこなしたことの有無であり、単に選挙の回数を重ねているだけでは意味がありません。ボランティアの参加者は「前回は電作を担当したので今回も」といったルーチンになりがちです。好きなことや得意なことを引き受けるだけでは、全体の指揮をとるには向かないということです。

「知識」は、公選法や選挙全般の知識だけではなく、選挙区における地域特性や地域経済、地方議会での議案等も検証しておくことが大切です。

「理論」は、戦いの哲学的な法則です。私の場合、前項で触れました「孫子」の兵法を 15 年前から愛読しています。次作として「選挙」の兵法というタイトルでの出版を考えています。いわずと知れた「孫子」の兵法13篇を応用し、すべて選挙に当てはめたものです。ビジネス書は数多く出版されていますが、選挙に応用した書物はありません。本来戦いの法則を記されたものであり、ビジネス書より、選挙のほうが理に適っている法則なのです。

「根拠」は、次の章で詳しくご紹介しますが、統計に基づいた数値的データを把握することです。有権者のニーズを無視した選挙戦では勝てる見込みが無いということです。

最後に「発想」ですが、アイデアを次々に出せる発想力と想像力、さらにセンスが求められます。

第2章

選挙の勝敗は算数で決まる

1．優勢なところを攻めるのが近道

政治活動・選挙運動を行う際、ターゲットにする層や地域の優先順位をつけてみます。

① 優勢な層や地域
② 五分五分の層や地域
③ 劣勢な層や地域

劣勢な層や地域を無条件にターゲティングする陣営をよく目にしてきました。首選のように 1 人当選の選挙で、しかも候補者が 2 人の一騎打ちなら、全地域で過半数を獲得することが理想となり、劣勢を攻めるのも一概に誤りではありません。しかし、複数当選の選挙では、支持率に余力がある限り優勢な層や地域を徹底的に攻めるほうが、同じ労力で高い効果を得ることになります。

この方法は「長所進展法」とよばれ、例えば、肉類を得意とし、その品揃えと提供価格でお客様がついている生鮮食料品店が、魚類を得意とする競合店を相手に競争をする場合、弱点である魚類に手を出すよりも、得意な肉類をさらに豊富な品揃えにするほうが「コストや労力をあまり使わずして確実に売上を伸ばせる」という理論を説いたものです。

衆議院議員選挙の小選挙区は、比例復活を含めると 1 小選挙区当たり平均 1.6 人の当選者を出すため、首選の 1 人とは若干異なります。

❓質問と回答は以下の通りです❓

Q お住まいのエリアを次の中から選んでください。

回答	0-100%
A中学校区域	10.6%
B中学校区域	5.2%
C中学校区域	12.8%
D中学校区域	11.4%
E中学校区域	15.0%
F中学校区域	11.2%
G中学校区域	6.4%
H中学校区域	9.6%
I中学校区域	10.0%
J中学校区域	7.8%
その他の地域	0%

上図は調査結果のイメージです。特定の選挙や特定の候補者のものではありませんのでご了承ください。正確なデータをお求めの場合は選挙区での実査が必要です。

2．居住年数は５年未満が 25％を占める

居住年数の数値は、地域により大きな格差があることを前もって申し上げておきます。

国内在住者の転居回数を見ますと、40 ～ 44 歳の男性で 4.44 回、同年代の女性の場合は 4.00 回という統計が出ています。すなわち、平均 10 年に１度のペースで転居していることになります。

そこで、政治活動および選挙運動との関わりの深い、５年ピッチにて居住年数をお聞きすると、右グラフの通りの結果となりました。

大事なポイントは、５年未満（＝前回選挙の際この選挙区にいなかった可能性が高い方）という回答が 25％を占めているというところにあります。ただし、同じ選挙区内の転居というケースも少なくはなく、居住年数 5 年未満と回答した人のうちの 10 ～ 20％はそのケースに該当します。その分を差し引いても、回答者全体の 20％が外部からの転居者となります。

すなわち、この 20％の人たちはこの地域（選挙区）では投票をしたことがない（＝前回選挙で相手候補や他の候補者に投票していない）ということがいえます。

この地で初めての投票を迎えるという有権者が大きなターゲットと成り得ることはいうまでもありません。

転居回数によるデータは、厚生労働省の施設等機関である国立社会保障・人口問題研究所による「生涯平均移動回数」をもとに掲載したものです。

? 質問と回答は以下の通りです ?

Q 今のお住まいの居住年数を次の中から選んでください。

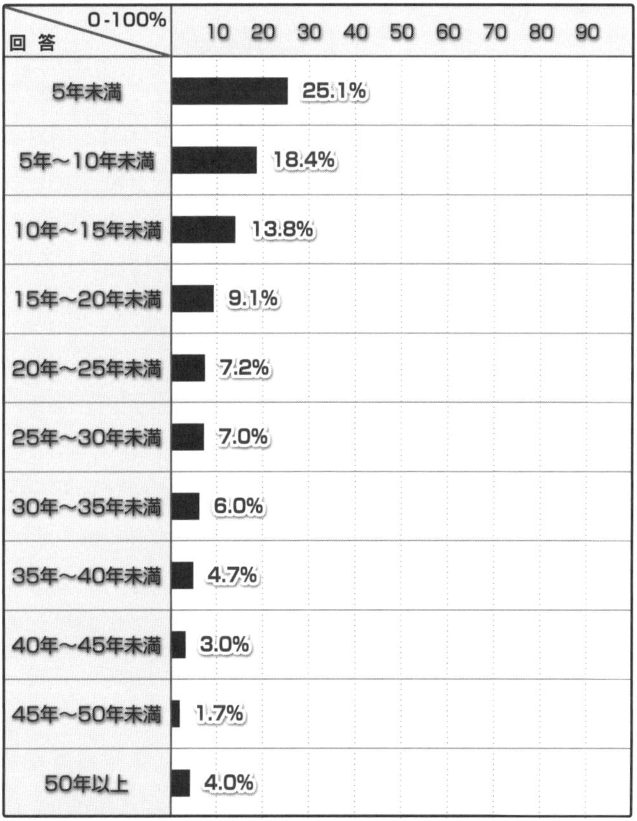

上図は国政選挙及び地方選挙時に各選挙区において調査した直近２年間の平均値です。すべての選挙区に当てはまるものではありませんのでご了承ください。正確なデータをお求めの場合は選挙区での実査が必要です。

3. 雇用形態を知ることで戦略を具体化する

有権者の職業により、政策や訴えていく演説の中身を考慮する。当たり前の話のようですが、実際のところは、演説を聞き、ビラを見させていただいても、私にはピンとこないことが多々あります。

もし、その点の配慮がなされていたとしても、職業（職種・業種）であって雇用形態ではありません。選挙戦略を立てるうえの情報として、もうひとつ必要なのが、雇用形態を知ることです。

自営を含む経営者、事務系・営業系・技術系の会社員３種、公務員、開業医や弁護士・税理士などの専門職、契約社員・派遣社員、パート・アルバイト、専業主婦、学生・無職、その他の 10 種に区分します。

上記の区分に地域分けしたデータを併せて分析すれば、例えば「専業主婦が比較的多い地域のスーパーに演説に行く時間は、朝夕よりも昼前か夕食前が狙い目」という結果が出ます。行けばわかるとお叱りを受けるかもしれませんが、主婦の行動はそんなに単純ではなく、安ければ地域をまたぐ特性があります。

データ通りの地域に行くことに意味があり、例え少数であっても、決まった時間に決まった場所に行かないと、ターゲットの層と出会うのは困難なのです。

❓質問と回答は以下の通りです❓

Q あなたの職業(雇用形態)を次の中から選んでください。

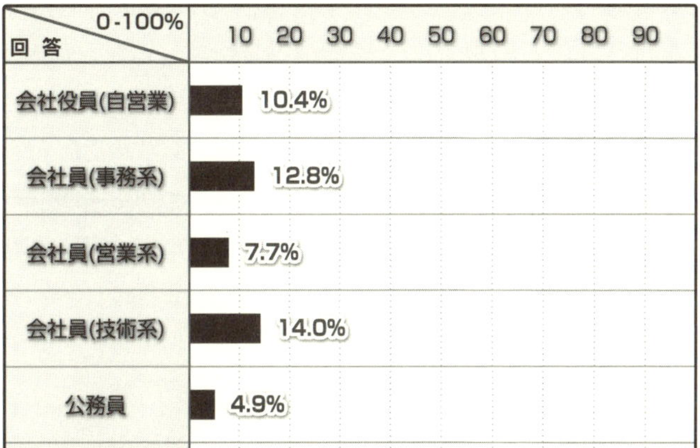

上図は国政選挙及び地方選挙時に各選挙区において調査した直近２年間の平均値です。すべての選挙区に当てはまるものではありませんのでご了承ください。正確なデータをお求めの場合は選挙区での実査が必要です。

4. 駅立ちでは30%以下の有権者にしか会えない

街頭活動、特に街頭演説の場所は駅周辺のみという候補者の多いことに驚かされました。しかし、今までの調査結果では、主要交通手段を電車(JR・私鉄・地下鉄)と回答した人の割合は、最低が 9.2%、最高が 56.0%、平均は 27.3% でした。

電車も利用するが、駅まで行くのにバスで 30 分、電車に乗ってからは 10 分という方の主要交通機関の回答はバスと考えてよいでしょう。しかし、駅を利用することに違いありませんので、少しはアベレージが高くなると思われます。

電車と比べ、圧倒的に多い交通手段は自動車です。都心では駅利用者が増加、自動車利用者が減少します。地方では駅利用者が減少、自動車利用者が増加します。

また、3番目に多い回答は、自転車利用です。遠方へ出ない事情から、専業主婦や近くにお勤めされている方が、この中に属すると考えられます。

それ以外の回答は、徒歩、原付バイク、オートバイ、バス、ほとんど外出しないと続きますが、すべてを合わせても 11.7% にしか到達しません。

すなわち、上位3つの交通手段に対応した街頭スケジュールを構築することが、街頭活動の鍵となります。

電車利用率の最低の 9.2%は滋賀県、最高の 56.0%は東京都です。平均値の27.3%における対象地域も大阪府や愛知県など政令市を持つ都道府県が含まれていますので、全国平均ではさらに下回ることが予想されます。

質問と回答は以下の通りです

Q 主に利用する交通手段を次の中から選んでください。

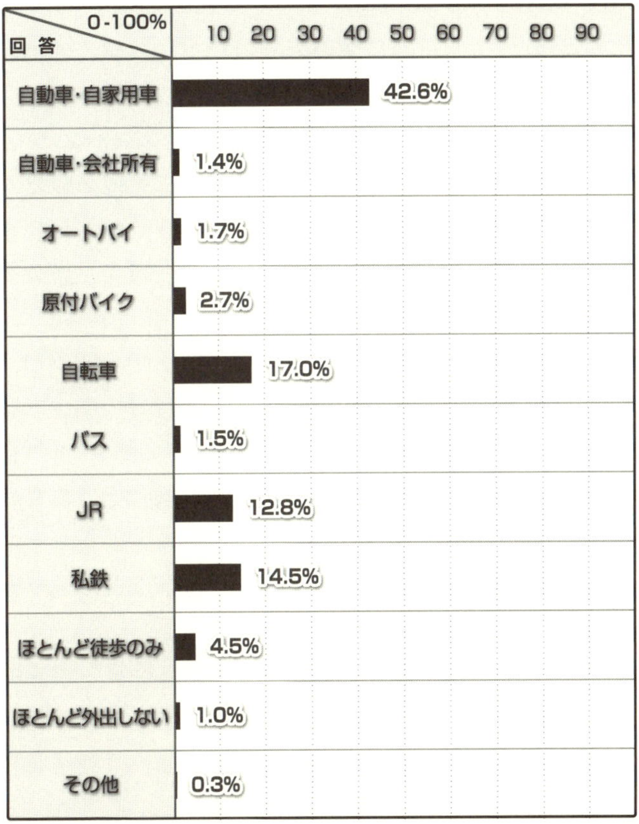

上図は国政選挙及び地方選挙時に各選挙区において調査した直近２年間の平均値です。すべての選挙区に当てはまるものではありませんのでご了承ください。正確なデータをお求めの場合は選挙区での実査が必要です。

5. 他党支持層の票を取り込む

投開票日の出口調査報道では「○○が、自民党支持層の 80% を固め、民主党支持層の一部にも食い込み、無党派層の 50%の支持を集めています」というアナウンスが流れます。出口調査の項目に支持政党を聞く設問があり、○○候補に投票したという方を支持政党で分類しているだけの単純な結果です。

しかし、投開票日にこのことを知っても何の役にも立ちません。特に首選などでは、中小政党がどの候補者にも推薦を出さず自由投票と決定した場合、票の動きには敏感になる必要があります。

昨年末の衆院選時も、大阪府下の選挙区の公明票が、自民党候補に流れるのか維新候補に流れるのかを、興味深く観ていました。このとき、各候補者の陣営では「自分たちの陣営で公明票はほぼ固めている」と、お互い言っているのが実情でした。しかし、真実はどちらかの誤算か、もしくは双方の誤算かということになります。

また、独自候補を擁立している他党支持層の票を取り込むことは容易ではありませんが、早い時期に状況を察知することで、少しでも取り込むための戦略を考える余地は十二分にあるといえます。

質問と回答は以下の通りです

Q ふだん支持している政党を次の中から選んでください。

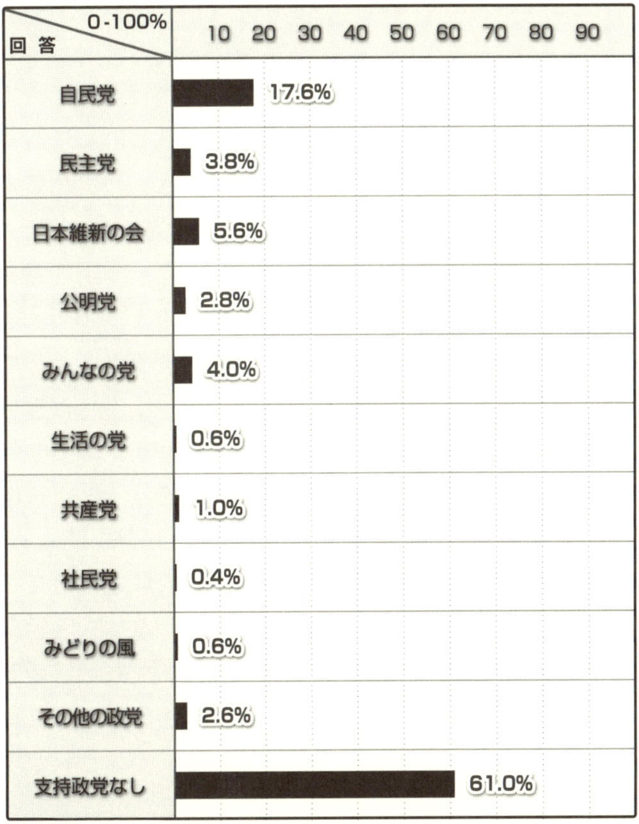

上図は調査結果のイメージです。特定の選挙や特定の候補者のものではありませんのでご了承ください。正確なデータをお求めの場合は選挙区での実査が必要です。

6. 3ヶ月後には誰に投票したかを15%は忘れている

選挙区内の直近に施行された選挙、あるいは前回の同一選挙など、調査する当該選挙との関連が深く最も有益だと思える選挙に関しての「投票した候補者名」を問いかけてみます。

例えば、公認候補ではなく推薦のみの首選の調査では、最も政党色が濃い国政選挙とクロス集計して計算すると、意外な層の支持を集めていたという、思いがけない結果が出ることも少なくありません。

この設問には、前述の目的以外にもう一つ別の意味があります。すでに開票され当選者が決まっている選挙に対し、誰に投票したかを問うわけですから、その回答が実際の選挙の結果通りになっていると、信憑性が高いという裏付けになるということです。調査をする際のサンプル数にもよりますが、候補者 10 人未満の選挙でしたら、ほぼ正確な回答が得られます。

また、候補者名以外にいくつかの選択肢を設けていることも特徴です。なかでも「覚えていない」と答える方が、選挙の投票日から 2 か月以内で約 10%、3 か月～ 6 か月で約 15%、4 年前の前回選挙になると約 20%いらっしゃることには驚かされますが、これが現実のようです。

質問と回答は以下の通りです

Q 直近(●●年●月●日)の●●選挙で、どの候補者に投票しましたか。

回答 ＼ 0-100%	10 20 30 40 50 60 70 80 90
自民党のA氏	33.2%
民主党のB氏	6.0%
日本維新の会のC氏	5.6%
公明党のD氏	4.6%
みんなの党のE氏	2.2%
生活の党のF氏	0.6%
共産党のG氏	0.8%
社民党のH氏	0.4%
みどりの党のI氏	0.2%
投票に行かなかった	41.6%
覚えていない	4.8%

上図は調査結果のイメージです。特定の選挙や特定の候補者のものではありませんのでご了承ください。正確なデータをお求めの場合は選挙区での実査が必要です。

7. 40歳代の男性候補は年齢を売れ

「〇〇太郎 62 歳」と書かれた選挙ポスターをご覧になられたことはないでしょうか？ しかし、この表記がかならずしも有効だとは思いません。公選法では、ポスターをはじめとして、いかなる選挙運動用ツールにも年齢記載を義務付けてはいません。わざわざ不利になる年齢を記す必要はどこにも無いのです。

有権者は想像以上に年齢を重視します。右図の通り、男性 40 歳代との回答が最も多く、2 番目は男性 50 歳代でした。衆議院を対象とした調査のため、地方議員より若干高めの年齢に支持が集まったかもしれません。

ちなみに、男性候補支持率合計の 68.5% に対して、女性候補支持率の合計は 31.5% となっています。女性候補者への支持率は、以前より高い傾向のようです。

それでは、年齢表記の有無を、ポスターやビラの紙媒体制作に置き換えて考えてみます。

① 男性 40 歳代
大々的に年齢をクローズアップする

② 男性 30 歳代、男性 50 歳代、女性 40 歳代
年齢は記載しても良いが、大々的にはしない

③ 男性 20 歳代、男性 60 歳以上、女性 40 歳代以外
年齢はあえて強調しない (プロフの生年月日のみ)

質問と回答は以下の通りです

Q 選挙に立候補する政治家の性別や年齢で最もふさわしいと思うものを次の中から選んでください。

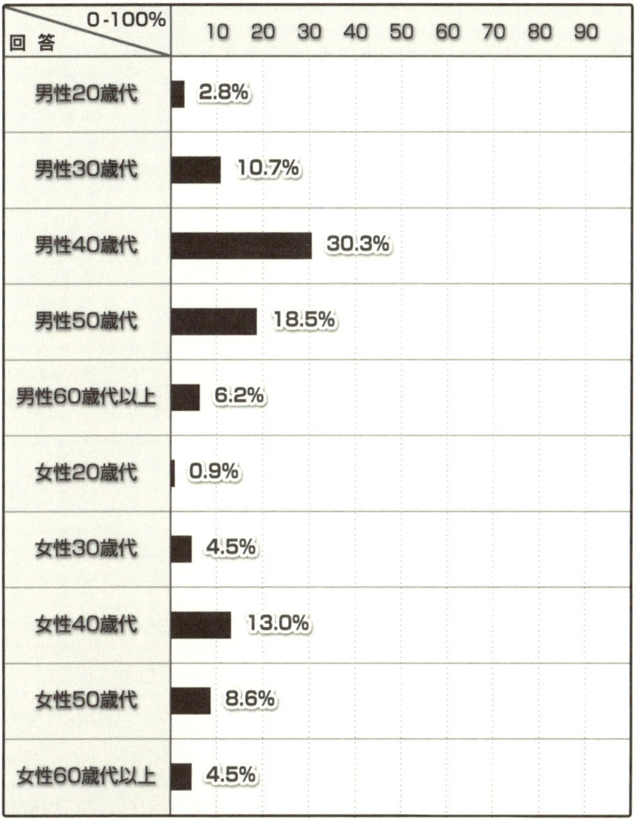

上図は国政選挙及び地方選挙時に各選挙区において調査した直近２年間の平均値です。すべての選挙区に当てはまるものではありませんのでご了承ください。正確なデータをお求めの場合は選挙区での実査が必要です。

8. 1ヶ月前には投票率がわかる

投票に「行く」「たぶん行く」「どちらとも言えない」「たぶん行かない」「行かない」の5段階で問いかけます。「行く」「たぶん行く」を合わせると、大抵は実際の投票結果よりも高めの回答が返ってきます。

有権者の気持ちは行くつもりでも、当日に他の用事が入れば投票に行くことが後回しになり、結局、何らかの理由で行かなかったということになるのでしょう。そこに投票率を上げるための鍵があるかもしれません。

右図では、「行く」と答えた人が約半数、「たぶん行く」がそのまた半数ということですが、「たぶん行く」だけを割愛するような乱暴なことはできません。

実際の調査では、このデータを基に投票に行く方の割合を算出します。また、信頼性、確実性を期すための方法として「行く」「たぶん行く」のいずれかの回答者で、さらに前回の同一選挙で投票した人数の割合を絞り込むという裏付けをとります。

その結果、正しい計算式は（「行く」×90%）+（「たぶん行く」×50%）だということが解明しました。

総選挙の投票率を見ましても 2009 年の 69.28%から 2012 年は 59.32%と約 10%も減少しましが、右図の計算式に置き換えますと、59.75%になりました。

質問と回答は以下の通りです

Q

今年(●●年●月●日)の●●選挙が予定されています。投票に行きますか。

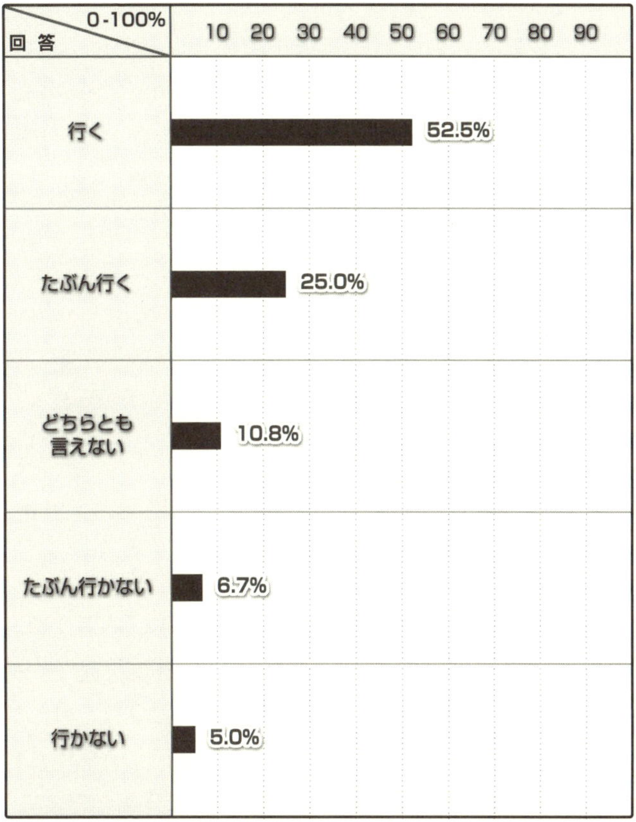

上図は国政選挙及び地方選挙時に各選挙区において調査した直近2年間の平均値です。すべての選挙区に当てはまるものではありませんのでご了承ください。正確なデータをお求めの場合は選挙区での実査が必要です。

9. 投票場で決める人が多いというのはデマ

公示日（告示日）を迎えた日に決着はついているという説があります。かならずしもそうとはいえませんが、今から始めるようでは先が見えている、準備万端なほうが勝つという意味では正解かもしれません。

有権者が投票する候補者をいつごろ決定するかは、選挙運動の戦略を立てるために重要な課題です。統計では、最も多い回答が「投票日の 10 日くらい前」で、次いで「投票日当日」が接近しています。3 番目の「投票日の前日か前々日」を加えれば、投票日を入れた 3 日間で決定する人が 40％を超える結果です。

ちみなに、3 日間で決める人の多くは無党派層（浮動層）で、逆に「ふだんから決めている」すなわち、すでに決めている方は、候補者の 1 人を支持している人か政党支持者ということになります。

当日に決める人の 24.1％中、投票場に行ってから決める人は2％で、全体の0.4％にしか過ぎませんでした。

当日決定する人の多くは「ふだんは忙しくて決められないから投票に行く前に選挙公報やビラを見て決める」人か、「政治に詳しくないから家族に尋ねたりして決める」人と予測できます。すなわち、自宅を出た時点で誰に投票するかは決まっているということです。

質問と回答は以下の通りです

Q 同じく(●●年●月●日)の●●選挙に関する質問です。投票する候補者を決める時期はいつ頃になると思いますか。

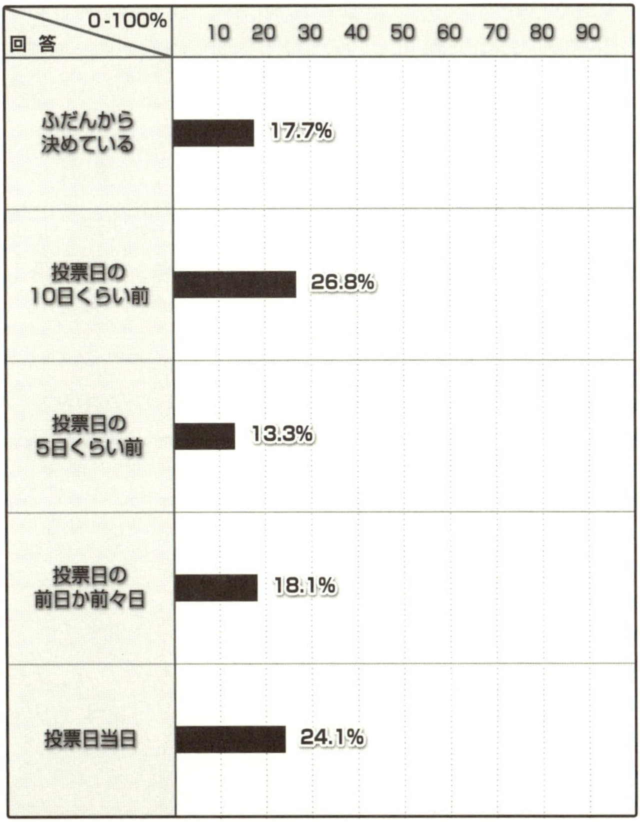

上図は国政選挙及び地方選挙時に各選挙区において調査した直近2年間の平均値です。すべての選挙区に当てはまるものではありませんのでご了承ください。正確なデータをお求めの場合は選挙区での実査が必要です。

10. Wスコア※でも勝ち目はある

候補者や陣営にとって最も気になる、現状の勝敗を知るための情勢調査の結果です。

選挙の種類により大幅に異なりますが、投票日まで3ヶ月以上前の調査では、70%前後の方が「まだ決めていない」という結果になります。また、前頁の結果でもおわかりの通り、投票日まで1ヶ月を切った公示日（告示日）直前の調査では、半数近い人が「まだ決めていない」と回答されます。逆算しますと、この2ヶ月間で決める人は、全体の20%前後ということになります。

投票日まで1ヶ月を切った時点での調査結果では、50%の有権者が決めていません。しかし、実際はWスコアで負けている候補者が逆転勝利した事例は皆無といっても言い過ぎではありません。良くてもWスコアがSハーフスコア※になる程度です。

しかし、3ヶ月以上前の調査では、確かに30%前後の少数意見ですが、Wスコアで負けている候補者が巻き返し、勝利した事例が多々あります。

すなわち、その2ヶ月という期間で「投票する候補者を決める20%の有権者」の支持を獲得することが、勝敗の分かれ道になるのです。

※Wスコアとは、10,000票対20,000票など2倍以上の差を表した単語です。
※S（シングル）ハーフ（スコア）とは、10,000票対15,000票など1.5倍の差を表した単語で、著者が独自に使用しています。

❓質問と回答は以下の通りです❓

Q 同じく(●●年●月●日)の●●選挙に関する質問です。現在のところ、次に挙げる方が立候補を予定しています。どの候補者に投票しますか。

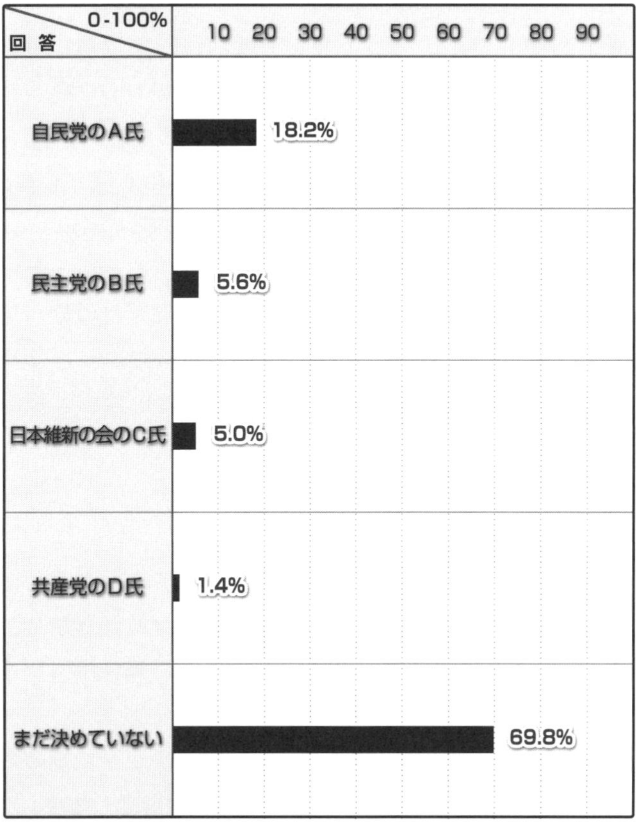

上図は調査結果のイメージです。特定の選挙や特定の候補者のものではありませんのでご了承ください。正確なデータをお求めの場合は選挙区での実査が必要です。

11. 知名度の差は 1.5 倍が限度

首選や衆院選や参院選、都道府県議選といった、選挙区で 1 名、もしくは数名しか当選できない選挙では、知名度は大きく影響します。

最も知名度が決め手になると言われる参院選比例区（全国区）では、そういった理由から芸能人や文化人、オリンピック選手などが擁立されるようになり、名前を売るための時間と費用を費やさずに済む戦略として、故田中角栄元首相が考案されたといわれています。

知名度は、右図の「よく知っている」と「顔と名前は知っている」の 2 点が重要です。「名前だけは知っている」は、「あまり知らない」「全く知らない」と答えた方とさほど大差はありません。その理由は、下位 3 つの回答者の投票行動は、所属政党で投票した、友人・知人から勧められたというケースが多く、いずれも知名度が影響を与えていないからです。

知名度が投票行動にどれくらい影響するかを考えると、2009 年や 2012 年の総選挙のような政党選挙で、かつ 1 党が大勝する場合を除き、劣勢の場合は、相手候補との差を 1.5 倍までに縮める必要があります。

市長や衆院の現職の知名度は 70％前後が平均値のため、新人候補などは相当な空中戦が必要になります。

❓ 質問と回答は以下の通りです ❓

> 同じく、今年(●年●月●日投開票)予定の●●選挙に関する質問です。次の立候補予定者に対するあなたの認知度を教えてください。

凡例:
- よく知っている
- 顔と名前は知っている
- 名前だけは知っている
- あまり知らない
- 全く知らない

回答 (0-100%)	よく知っている	顔と名前は知っている	名前だけは知っている	あまり知らない	全く知らない
自民党のA氏	18.6	21.4	29.4	18.6	12.0
民主党のB氏	10.8	24.8	35.0	12.8	16.6
日本維新の会のC氏	3.0	7.0	48.6	24.0	17.4
公明党のD氏	21.8	14.2	20.2	15.2	28.6
みんなの党のE氏	8.4	17.2	64.0	4.2	6.2
生活の党のF氏	6.4	9.6	46.2	17.6	20.2
共産党のG氏	11.6	10.4	53.8	12.2	12.0
社民党のH氏	17.8	18.2	48.4	9.6	6.0
みどりの風のI氏	24.4	13.6	48.0	5.0	9.0
無所属のJ氏	5.6	7.6	54.8	17.8	14.2

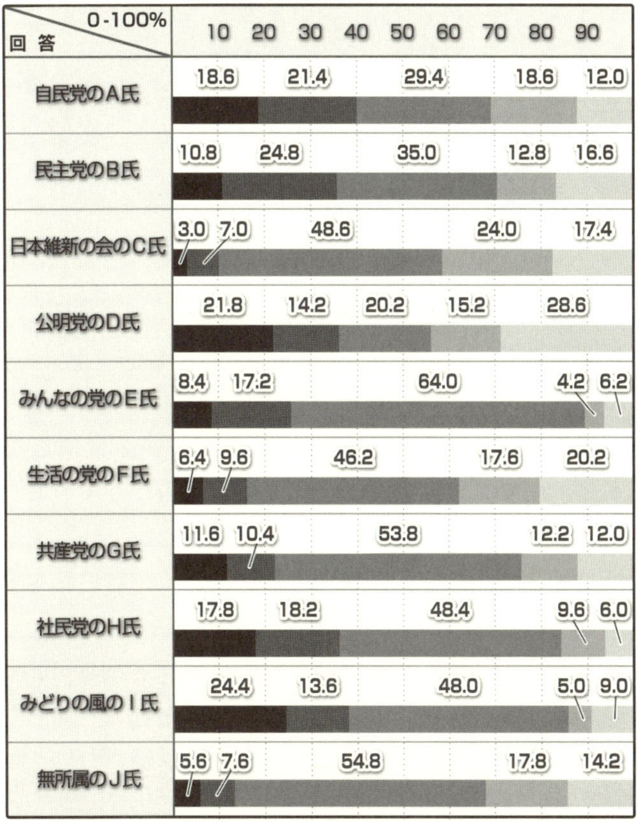

上図は調査結果のイメージです。特定の選挙や特定の候補者のものではありませんのでご了承ください。正確なデータをお求めの場合は選挙区での実査が必要です。

12. 対立候補の急所を探る

前項の知名度とは少し違った観点を探る、好感度調査があります。好感度は、知名度調査で「候補者を知らない」と答えた人からは好き嫌いを答えてもらえないので、この場合は「どちらでもない・知らないので答えられない」に含みます。「知っている」と答えた方に絞り込んだ調査を行うことも可能ですが、比率が異なり非常に比較しにくくなるため、その方法は避けています。

好感度調査では、知名度の質を調べます。「大いに好感が持てる」「少しは好感が持てる」の２点を好感度プラスと考え、「やや反感を覚える」「かなり反感を覚える」の２点は好感度マイナスと考えます。

プラスとマイナスは反比例するのが一般的な結果ですが、バランスが崩れている候補者も少なくありません。もちろんプラスが多い場合は何の心配もいりませんが、マイナスが多い場合は急所であり、特にネット選挙運動では、誹謗中傷の的になるかもしれません。

好感度プラスの回答は投票行動に移行される可能性が高く、好感度マイナスと「どちらでもない・知らないので答えられない」は、投票結果に反映されにくい回答ということです。

質問と回答は以下の通りです

Q

同じく、今年(●年●月●日投開票)予定の●●選挙に関する質問です。次の立候補予定者に対するあなたの好感度を教えてください。

大いに好感が持てる　少しは好感が持てる　どちらとも言えない
やや反感を覚える　かなり反感を覚える　・知らないので答えられない

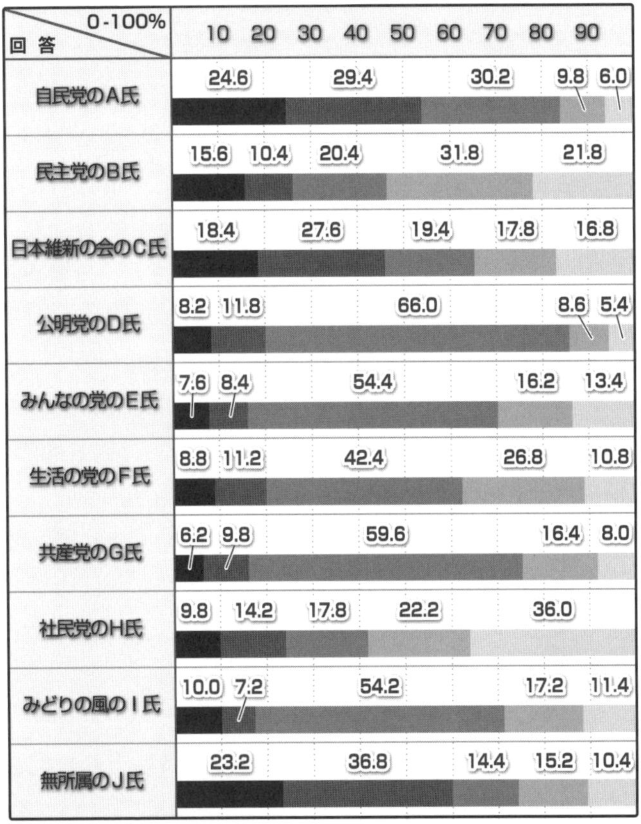

上図は調査結果のイメージです。特定の選挙や特定の候補者のものではありませんのでご了承ください。正確なデータをお求めの場合は選挙区での実査が必要です。

13. 容姿・見た目は第2の戦力

二枚目の男性や美人は有利と選挙では思いがちですが、「容姿・見た目の良さ」は、ほとんどの調査結果では選ぶ理由の最下位になります。

いくつかある理由のなかで最も大きな要因は、それ以上に大事な選択肢があるからです。「政策の企画力や実現力」「発想や行動の柔軟性」「中長期ビジョンの確立」で、これらは常に上位を占めますが、よくよく考えますと、普通に回答したなら当然の結果かもしれません。

逆に 4.0%の「容姿・見た目の良さ」を大いに判断基準にすると回答された方は、単に正直なのかもしれませんが、選挙は美男・美女コンテストとは違うのです。

本当に容姿や見た目は無視して良いのでしょうか。いいえ、良くはありません。同じ政党から、同じ性別・年齢、同じ程度の知名度の候補者が 2 名出馬したら、結果は火を見るより明らかです。容姿を大きく変えることはできませんが、例えば、ダイエットや健康管理を始めたり、清潔感を意識するなど、自分を良く見せる努力は欠かせないものです。

また、このような文字での設問ではなく、ポスターの画像を貼りつけた調査では、容姿の良い方に軍配が上がることが多いことを付け加えておきます。

❓ 質問と回答は以下の通りです ❓

Q 同じく、今年(●●年●月●日)の●●選挙に関する質問です。投票する候補者を選ぶ際、次に挙げる資質のうち「特に」どれを判断基準にしますか。

■ 大いに判断基準にする　■ 少しは判断基準にする　■ どちらとも言えない
■ 余り判断基準にしない　■ 全く判断基準にしない

回答 (0-100%)	大いに判断基準にする	少しは判断基準にする	どちらとも言えない	余り判断基準にしない	全く判断基準にしない
容姿・見た目の良さ	4.0	24.2	29.1	24.9	17.8
若さやバイタリティ	10.3	43.7	27.3	11.8	6.9
学歴・職歴・経験等	6.8	32.9	32.6	17.8	9.9
所属政党や推薦政党	16.7	38.1	28.2	9.6	7.4
資金の透明性や誠実さ	26.8	40.4	23.5	5.4	3.9
発想や行動の柔軟性	32.6	44.0	18.6	2.1	2.7
政策の企画力や実現力	40.3	39.7	16.0	1.7	2.3
中長期ビジョンの確立	30.5	40.2	23.8	2.4	3.1
役所・役人主導からの脱却	19.0	32.7	36.9	6.7	4.7
地域密着型の政治姿勢	21.7	38.4	29.7	6.0	4.2

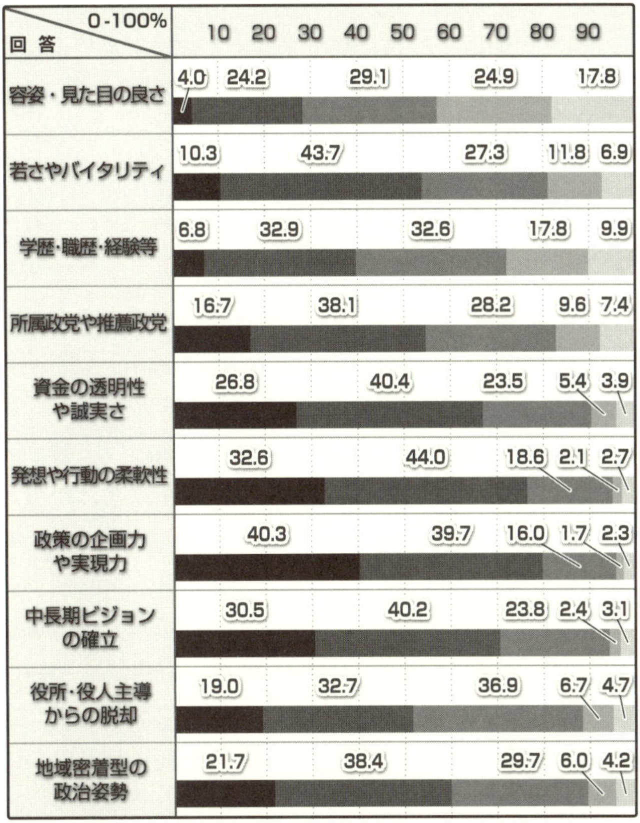

上図は国政選挙及び地方選挙時に各選挙区において調査した直近2年間の平均値です。すべての選挙区に当てはまるものではありませんのでご了承ください。正確なデータをお求めの場合は選挙区での実査が必要です。

14. 関心が高い政策に大差無し

ここ数年、雇用や年金問題を中心とした社会政策、金融や産業の保護・育成を目的とした経済政策、医療・介護を中心とした医療政策という政策への関心度が高く、常にベスト 3 の結果です。どこの選挙区でどんな公約や政策を掲げようが、3 つのどれかに当てはまれば問題がない状況でした。

例えば、待機児童問題は、保育所をいくら増設しても入所希望者が増えて問題を掘り起こすだけになり、どこまで行っても解消できない底なし沼状態だと聞きます。前述のベスト 3 の政策に関しても同じことがいえ、ここ当分は不動のものかもしれません。

また、地方選挙には直接関係ありませんが、ここ最近では、国益の増進を図る外交政策、国家の防衛を図る安全保障問題が関心度を高めています。経済の冷え込み解消と、隣国との領土問題がメディアを賑わしている影響でしょう。

さて、比較的関心が低いワースト 3 は、文化の保護や科学の発展を中心とした文化政策、道州制などの地域分権や地域振興を目的とした地域政策が常連で、農業や水産業の保護や支援といった農水食糧政策は、地域により大きく異なります。

上記本文は、国政以外直接的に関係のない「外交政策」「安全保障」は省いて、ベスト 3 と表現しています。

？質問と回答は以下の通りです？

Q 国政、都道府県政、市政を問わず、政治全般についての設問です。次に挙げる政策に対しての、あなたの関心度を教えてください。

大いに関心がある　少しは関心がある　どちらとも言えない
余り関心がない　全く関心がない

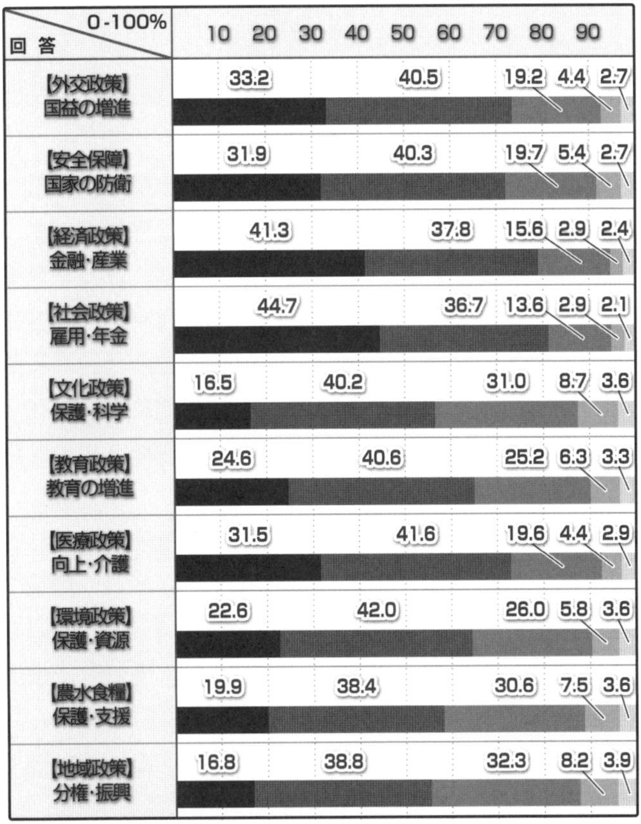

0-100%
回答
10 20 30 40 50 60 70 80 90
【外交政策】国益の増進 33.2 40.5 19.2 4.4 2.7
【安全保障】国家の防衛 31.9 40.3 19.7 5.4 2.7
【経済政策】金融・産業 41.3 37.8 15.6 2.9 2.4
【社会政策】雇用・年金 44.7 36.7 13.6 2.9 2.1
【文化政策】保護・科学 16.5 40.2 31.0 8.7 3.6
【教育政策】教育の増進 24.6 40.6 25.2 6.3 3.3
【医療政策】向上・介護 31.5 41.6 19.6 4.4 2.9
【環境政策】保護・資源 22.6 42.0 26.0 5.8 3.6
【農水食糧】保護・支援 19.9 38.4 30.6 7.5 3.6
【地域政策】分権・振興 16.8 38.8 32.3 8.2 3.9

上図は国政選挙及び地方選挙時に各選挙区において調査した直近２年間の平均値です。すべての選挙区に当てはまるものではありませんのでご了承ください。正確なデータをお求めの場合は選挙区での実査が必要です。

15. 公約や政策はニーズを知れ

政治理念は変えなくとも、掲げる公約や政策には有権者のニーズが反映されていることが重要です。しかし全政治家が同じことを言うようでは困ります。いくら支持が得られていない政策でも、これだけは絶対やりきるというテーマを持っていることは一向に構いませんし、むしろ他人とは違うものが必要だと思います。

しかし、選挙に勝利するためには票を投じていただくことが絶対条件であり、そのためには有権者のニーズを知り、それに応える政策を盛り込み、さらに相手候補には絶対負けないという根拠が必要になります。

さて、公約や政策の調査では、候補者の公約や政策案に加え、相手候補の掲げている公約や政策を混在させた状態で調査しますので、順位づけられた明確な回答を得ることができます。

候補者本人が自信を持って進めてきた政策にまったく支持が得られず、ひどい場合は最下位という結果であったことも少なくありません。

この項までに何度も申し上げてきたように、後援会や支持者の意見を鵜呑みにしても選挙は勝てません。選挙は、選挙区の有権者が相手だということを最後まで忘れなかった候補者が勝利するものです。

質問と回答は以下の通りです

Q 再び、今年(●年●月●日投開票)予定の●●選挙に関する質問です。立候補予定者の公約や政策などです。どんな政策を支持しますか。

大いに支持する　少しは支持する　どちらとも言えない　余り支持しない　全く支持しない

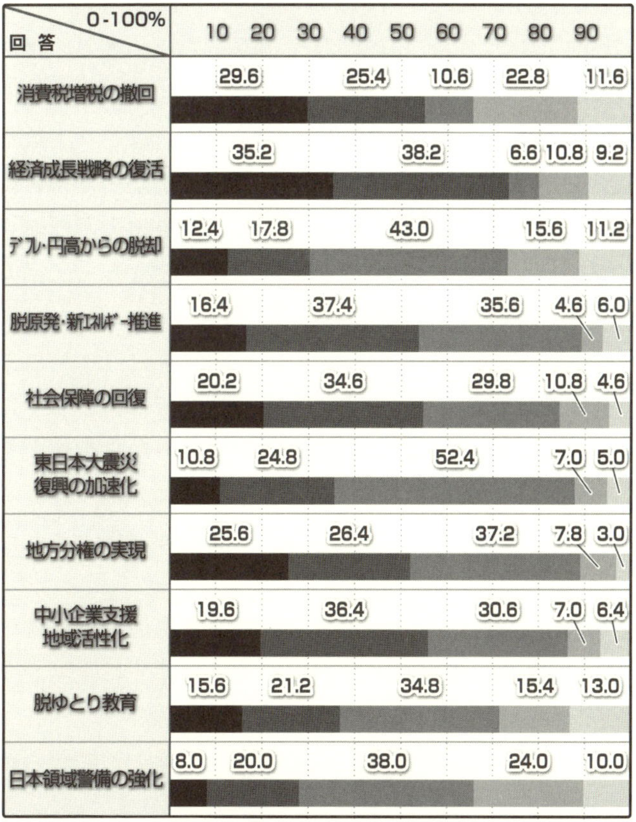

上図は調査結果のイメージです。特定の選挙や特定の候補者のものではありませんのでご了承ください。正確なデータをお求めの場合は選挙区での実査が必要です。

16. はがき・電作は票を減らす

選挙はがき（正式には通常葉書）、電作は選挙運動に欠かせないもの。といいながらも、最近では、どこの陣営でも電作について迷われるようです。
効果の実態はどうなのでしょうか。右図の通り、常に最下位は、「はがき、電話での依頼」です。

まず「はがき」が届いて反感を買う人はごく少数だということです。設問は判断材料にするか否かで、反感を買うのとは別だということです。労力の割に結果は伴わないかもしれませんが、はがきをきちんと出すことに損はないということです。

次に、電作をやるか、やらないか。やれば本当に票を減らすことになるのか、という問題です。やらずに放っておくと支援者（後援会）の皆様方から苦情が寄せられ、口々にこう言われます。「他の候補からは、2度も電話がかかってきているのに○○陣営はどうなっているの」と、お叱りを受けます。

答えは明確です。支援者、後援会名簿の方々には従来通り丁寧に電話をし、関係の薄い相手先に電話をすると票を減らすことになり兼ねないので控える。

いまや主流が携帯電話やスマートフォンの時代、新たな選挙戦が展開されることに違いはありません。

❓ 質問と回答は以下の通りです ❓

Q. 同じく、今年(●年●月●日投票)予定の●●選挙に関する質問です。次に挙げる選挙運動のうち、「特に」どれを判断材料にしますか。

凡例: ■ 大いに判断材料にする　■ 少しは判断材料にする　■ どちらとも言えない　■ 余り判断材料にしない　■ 全く判断材料にしない

回答	大いに判断材料にする	少しは判断材料にする	どちらとも言えない	余り判断材料にしない	全く判断材料にしない
新聞広告や選挙公報	15.4	41.5	24.7	10.6	7.8
街頭や掲示場ポスター	4.5	30.9	34.6	18.6	11.4
チラシやリーフレット	6.3	35.5	34.4	13.9	9.9
インターネットの情報	7.4	31.9	37.8	14.0	8.9
選挙カーでの呼びかけ	2.6	17.0	33.5	22.1	24.8
家族、友人等の口コミ	5.2	26.5	36.8	17.0	14.5
会社、団体等の推薦	2.1	11.9	35.0	23.8	27.2
公開討論会や演説会	10.2	30.8	37.0	11.5	10.5
挨拶、握手、ふれあい	2.9	14.0	36.5	21.0	25.6
はがき、電話での依頼	0.9	4.6	28.2	22.8	43.5

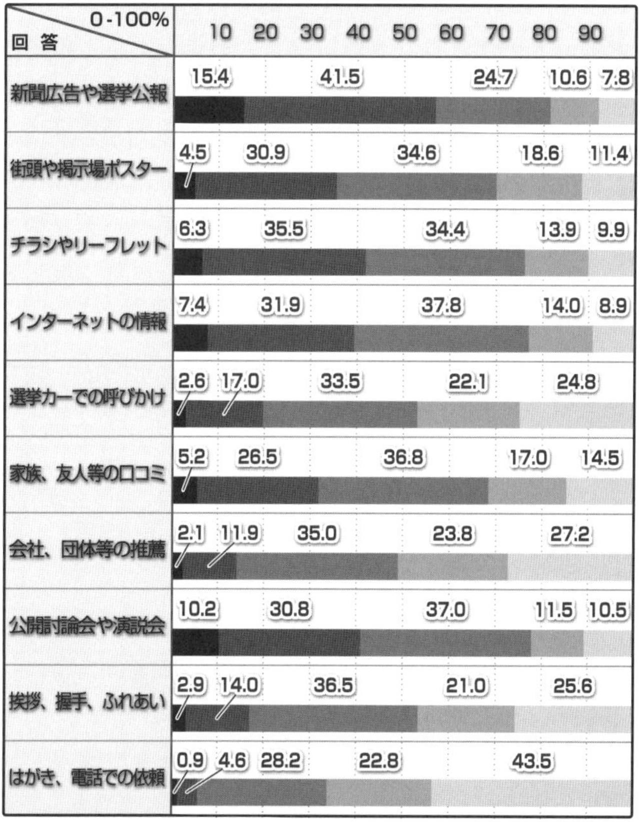

上図は国政選挙及び地方選挙時に各選挙区において調査した直近2年間の平均値です。すべての選挙区に当てはまるものではありませんのでご了承ください。正確なデータをお求めの場合は選挙区での実査が必要です。

17. キャッチフレーズは10文字以内

イメージ戦略で大切な要素のひとつにキャッチフレーズがあります。2005年小泉政権下の自民党が総選挙で使用した「改革を止めるな。」は秀作といえます。武部勤元幹事長は「改革は国民との約束だ」との案も示したそうですが、小泉元首相は「止めるな。」を選んだそうです。政治、選挙のセンスがあったのでしょう。

民主党が大勝した2009年総選挙では「政権交代。」が使われました。大勝した理由が直接キャッチフレーズと結びつくとは申しませんが、勝利へと繋げるためには、こういった要素も大切になるということです。

他は愚作が多く紹介するに値しませんが、ネーミングや短いフレーズづくりには、三原則があります。

① 視覚伝達性……10文字以内なら目に飛び込む
② 聴覚伝達性……ゴロが良く覚えやすい
③ 意味伝達性……主義主張や目的・目標が伝わる

候補者のキャッチフレーズは、どんなに良いものを提案しても賛否両論あり、最も正確な答えを知るには、選挙区で有権者の声を聞くしか方法がありません。

もちろん、相手候補や他の政治家のキャッチフレーズの反応をうかがうことも戦略には欠かせません。

質問と回答は以下の通りです

Q 同じく、今年(●年●月●日投開票)予定の●●選挙に関する質問です。立候補予定者のキャッチフレーズです。あなたの好感度を教えてください。

大いに好感が持てる　少しは好感が持てる　どちらとも言えない　やや反感を覚える　かなり反感を覚える

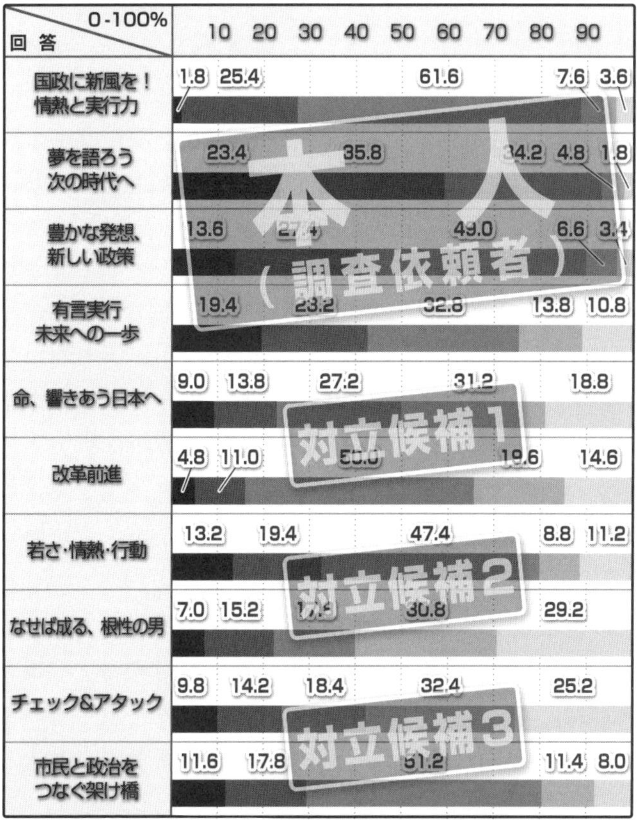

上図は調査結果のイメージです。特定の選挙や特定の候補者のものではありませんのでご了承ください。正確なデータをお求めの場合は選挙区での実査が必要です。

18. ひらがな名を使うのは慣習

70 ～ 80％のポスターは、姓か名のいずれかをひらがなにしています。戦前の選挙ポスターは、氏名、政党名、キャッチフレーズ、イラストの 4 点で構成されていました。その頃は、インクも 2 色刷りの技術しかなく、顔写真を入れるなんて想像もつかなかったのです。

当時から、氏名は漢字が一般的でしたが、文字の読み難い候補者が仕方なくひらがなに変えたことが始まりで、慣習として残ったのかもしれません。

日本で最も多い苗字の「佐藤・さとう」「鈴木・すずき」「高橋・たかはし」で漢字版とひらがな版のポスターを制作し、どちらが見やすいかを調査しました。結果は、ほぼ 8 対 2 で漢字が勝利しました。よほど難しい文字ならともかく、むしろ漢字のほうが読みやすいということです。警察の看板は小学 1 年生が読めるよう、ひらがなで書かれています。しかし、大人からは読みにくいといわれています。

「投票場では、ひらがなの姓だけ書いてもらえば済む」と聞きますが、それは陣営側の勝手な解釈で、有権者はフルネームを書かないと無効票になると思っています。いくら工夫しても、姓名の書きやすさで投票するという事実はほとんどありません。

? 質問と回答は以下の通りです ?

Q 政治家のポスターについての質問です。次に挙げる政治家のポスターに対するあなたの好感度を教えてください。

- 大いに好感が持てる
- 少しは好感が持てる
- どちらとも言えない
- やや反感を覚える
- かなり反感を覚える
- ・知らないので答えられない

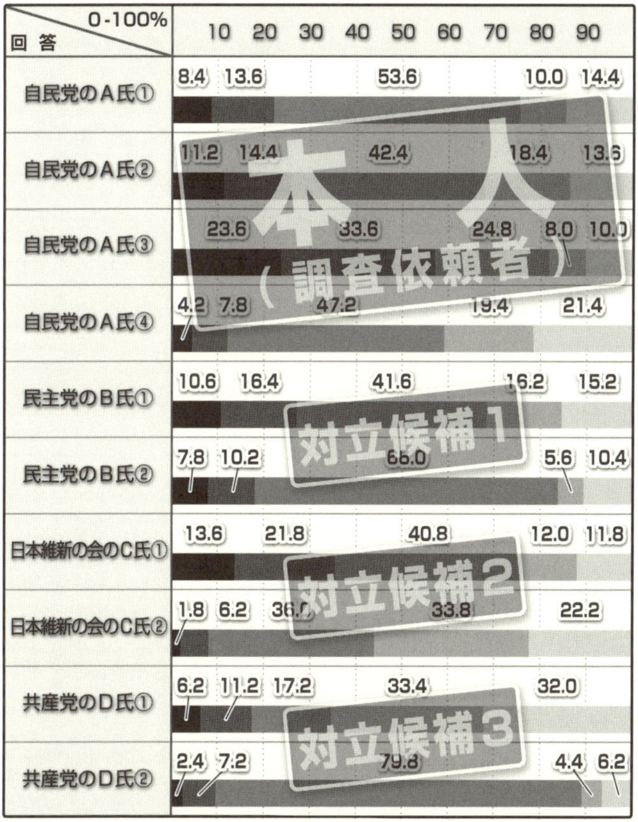

0-100%
回答
10 20 30 40 50 60 70 80 90
自民党のA氏① 8.4 13.6 53.6 10.0 14.4
自民党のA氏② 11.2 14.4 42.4 18.4 13.6
自民党のA氏③ 23.6 33.6 24.8 8.0 10.0
自民党のA氏④ 4.2 7.8 47.2 19.4 21.4
民主党のB氏① 10.6 16.4 41.6 16.2 15.2
民主党のB氏② 7.8 10.2 66.0 5.6 10.4
日本維新の会のC氏① 13.6 21.8 40.8 12.0 11.8
日本維新の会のC氏② 1.8 6.2 36.0 33.8 22.2
共産党のD氏① 6.2 11.2 17.2 33.4 32.0
共産党のD氏② 2.4 7.2 79.8 4.4 6.2
本人（調査依頼者）
対立候補1
対立候補2
対立候補3

上図は調査結果のイメージです。特定の選挙や特定の候補者のものではありませんのでご了承ください。正確なデータをお求めの場合は選挙区での実査が必要です。

19. ターゲットは決めていない人

この章の「1. 優勢なところを攻めるのが近道」での説明は、一定の理論で成り立っています。しかし、原始的であり、決して科学的とはいえません。もっとふさわしいターゲットは、確実に他に存在するのです。

なぜならば、優勢な地域は既に「自分（調査依頼候補者）に決めている」人が多く、劣勢な地域は「相手候補に決めている」人が多いという、まだ「決めていない」人を考慮していないデータに過ぎないからです。優勢な層や地域であろうが、劣勢な層や地域であろうが、いずれも既に投票する候補者を決めている有権者は、そう簡単には変えてくれないものです。

政党が莫大な費用をかけて行う情勢中心型調査は、候補者のためのものではなく、政党のためのものです。候補者にとっては、当落線上の選挙区に大物・有名弁士を送り込んでもらえる程度の恩恵しかありません。

選挙の情勢(勝敗)を知ることよりも、どこ(どの地域)のだれ（性別・年齢・職業）をターゲットにし、その人々に何を訴えていくか（ニーズのある政策や公約）という根拠のある科学的で効率の良い方法を取り、戦略を立て、どのような戦術を施すかを決定するために行うことが、調査では最も大切です。

❓質問と回答は以下の通りです❓

Q

「お住まいのエリアはどこですか」×「どの候補者に投票しますか」という設問の結果をクロス集計したものです。

自民党のA氏　民主党のB氏　日本維新の会のC氏
共産党のD氏　まだ決めていない

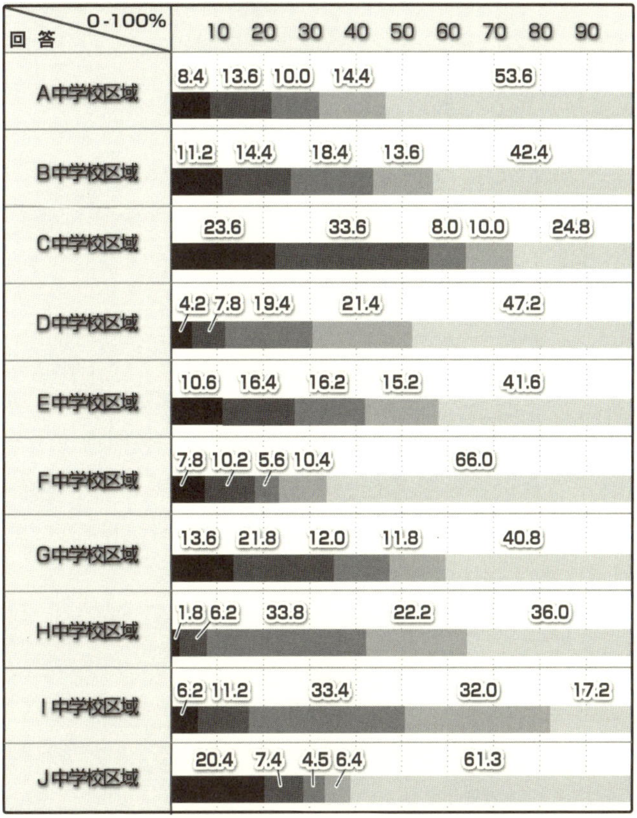

上図は調査結果のイメージです。特定の選挙や特定の候補者のものではありませんのでご了承ください。正確なデータをお求めの場合は選挙区での実査が必要です。

20. 絞り込むとママチャリのカゴ

戦略を図る調査としては、世論調査でカテゴリを大きく3分類します。

まず1分類目は、環境(性別、年代、居住地域、居住年数、職業、主な交通手段、支持政党)を問います。

次に2分類目は、行動(直近選挙の投票先、前回同一選挙の投票先、当該選挙の参加有無、当該選挙の投票先の決定日、当該選挙の投票先)を問います。

次に3分類目は、候補者と相手候補の知名度や好感度、政策や公約の関心度、さらにはポスターやキャッチフレーズの好感度までお聞きすることもあります。

ここですべてを明かすことはできませんが、調査のタイミングや方法についても絞り込んでいきます。

例えば「選挙に行くと答えたが、誰に投票するか決めていない」と答えた層で最も多かった「○○地域・女性・30代・パート」の「主な交通手段は自転車」であり「関心を抱いているのは子育てと教育」というデータまで落とし込みます。その結果「子育てと教育」について「詳しく、主婦でもわかりやすい」ビラを作成し、○○地域に置いてある自転車(主婦が乗っていそうなママチャリ)のカゴにビラを入れていくという戦略が立てられるのです。

質問と回答は以下の通りです

Q

「主に利用する交通手段はどれですか」×「どの候補者に投票しますか」という設問の結果をクロス集計したものです。

自民党のA氏　民主党のB氏　日本維新の会のC氏
共産党のD氏　まだ決めていない

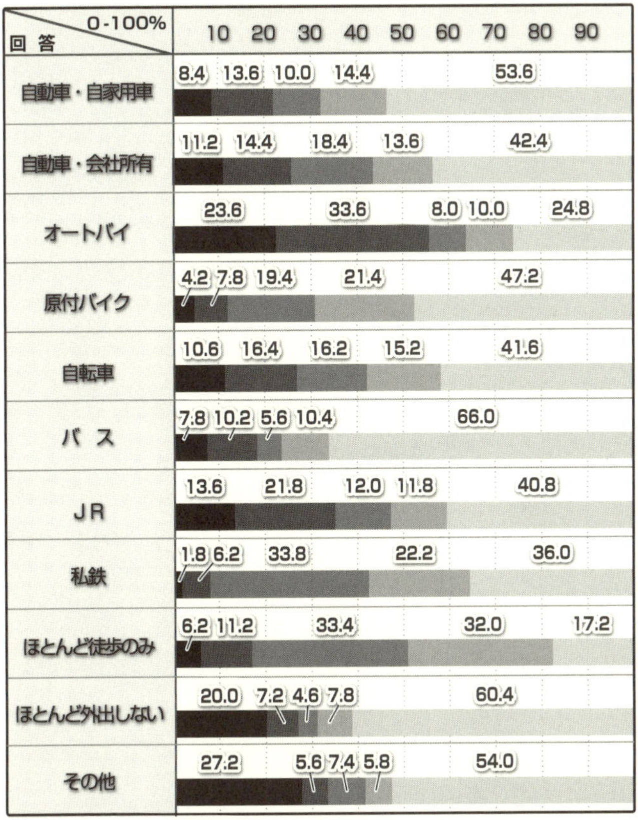

上図は調査結果のイメージです。特定の選挙や特定の候補者のものではありませんのでご了承ください。正確なデータをお求めの場合は選挙区での実査が必要です。

第3章

目からウロコの空中戦略

目からウロコの空中戦略

1．選管はお墨付きをくれない

選挙管理委員会は、各都道府県により大幅に見解が異なります。選挙を何度経験しても、地元選管の判断を中心に置かれている議員の先生方には、信じ難いくらいの相違点があります。

しかし、決してお墨付きをくれないというところだけは、全国的に同じです。例えば、政党を含む政治団体の機関紙誌を公示日（告示日）の前に撒こうと考え、次の内容で選管に相談したとします。

◆相談者

「○○の機関紙誌に、○○さん△△支部長に決定といった見出しと、本人の顔写真＋氏名＋プロフィールを載せる場合、紙面に対しての面積や大きさなどの制約はありますか？」

◆選管担当者

「あくまでも政治活動用ですね。選挙運動にわたっていたり、投票依頼を促すような文面はありませんね。しかし言葉だけでは何とも言えません。絵を見ないと」

◆相談者

「わかりました。それでは印刷前に見てもらいます」と、修正があるか否かはわからないデザインを、渋々依頼する。そして出来たものを選管に見てもらう。

珍しい例では、愛知選管は「選挙公報の黒反転を図と見なす」との見解ですが、全国的には可とされる。また、出陣式の案内はがきを出す行為については問題ないとの見解ですが、全国的には不可とされる。（詳細は第４章 17 項参照）

◆選管担当者

「今までと同様の頒布方法であれば特に問題は無いと思いますが、最終的には管轄の警察判断となります。選管には権限がありませんのでアドバイスだけです」

結局、お墨付きはもらえません。警察へ行っても知識もなく選管に聞けと言われます。最終的には自己判断に委ねられ、捕まるまでわからないのです。

珍しい例では、兵庫選管では、法定ビラを封印しお墨付きをくれますが、全国的には確認するだけで保証しないものです。

2．勝手な解釈

候補者の心情としては、公示前(告示前)であっても、1日も早く知名度を上げて選挙戦に臨みたいものですが、公選法は選挙運動にわたる行為を許しません。

しかし、弁士型ポスター（2連ポスターなど）を、政党を含む政治団体の主義主張や演説会の告知が目的で掲示している候補者が本当に存在するのでしょうか。当局は「もちろん政治活動であれば問題ありません」と回答しますが、本音と建前で法的に認められているものについては、そう答えざるを得ないのでしょう。

公示前（告示前）も「結社及び言論の自由」という憲法21条により、政治活動を妨げることはできません。ただし、選挙運動にわたる行為は禁止され、使用できるツールについても一定の境界線が引かれています。

わかりやすくいうと、以下の通りになります。

① 公示前（告示前）
メリット…………使用できるツールに規制がない
デメリット………名前、顔を出せるものが少ない

② 公示後（告示後）
メリット…………名前、顔を出せるものが増える
デメリット………限られたツール以外は使えない

また、公示後（告示後）に使用できるものは「公選法に記載のないものは良い」という勝手な解釈をされる方もいらっしゃいますが、書かれてないものは不可というのが法律の正しい解釈です。

例えば、選挙自動車か船舶は使用できますが、その定義も示されており、書いていないもの（飛行機、ヘリコプター、原付、自転車など）は、使用できません。

本文と関連する条項は「公職選挙法第 141 条（自動車、船舶及び拡声機の使用）」および、禁止行為に関しては「公職選挙法第 143 条（文書図画の掲示）1、2 項」をご参照ください。

3．政治活動用ポスターにサイズ規制はない

公選法上、政治活動用ポスターを掲示する目的は、以下の通りでなければなりません。

① 政治団体（政党含）、または政治家個人の主義主張を不特定多数（有権者）に訴えるためのもの。
② 政治団体（政党含）、または政治家個人の演説会などの日時・場所などを告知するためのもの。

しかし、上記の目的だけで掲示している政治家など存在しないといっても過言ではないでしょう。実情は「単に顔を売ること」が目的なのですが、それが目的では売名行為となり、事前選挙運動と見なされてしまいます。そんな理由から、集中貼り（同じ場所に複数枚掲示する行為）を禁止する規制もあり、事実上、同じ場所に掲示できるのは２枚が限度とされています。

そこで、発想を切り替えて大型にするという方法を考案しました。コスト面や貼る場所を考えてなのか一般的にはＡ１サイズやＡ２サイズばかりですが、これは古い慣習のようなものであり、実際はサイズや材質に規制はありません。ただし、看板と見なされると違反（看板にはサイズ規制がある）になりますので、独立して立つものはポスターとは見なされません。

立候補を予定している当該選挙の任期満了 6ヶ月前からは、政治活動用ポスターに制限があります。発行元は、主義主張を目的とした届出のある政治団体であり、かつその団体が主催する演説会の告知の記載が必須となります。

公選法に抵触せずに本来の目的を達成させるには、大型のポスターを目立つ一等地に掲示することがベストであるといえます。10 倍のサイズにすれば、50 倍の効果があることは既に実証済みです。従来のＡ１サイズかＡ２サイズを主に掲示し、数枚でもビッグサイズのポスターを掲示することができれば、最高のパフォーマンスです。

政治活動用ポスターは、告示日の前日まではサイズ・枚数制限がなく、告示日以降貼付できるものについては、サイズ制限（Ａ１サイズ 85×60cm 以内）、枚数制限（選挙の種類で異なる）があり、その枚数に応じ証紙が交付されます。

4．弁士型ポスターは政治活動の４番バッター

一定期間※に入ってからの弁士型ポスター（２連ポスターなど）は、規制の範囲内で様々な使用法があります。もちろん、普通に使うことを否定はしませんが、現在の公選法で公示前（告示前）に名前と顔が出せるものが限られているにもかかわらず、フル活用はされていません。紹介する前に規制をおさらいします。

① 分割ルールを守れば、サイズ・形に制限はない
② ポスターの形状であれば、材質に規制はない
③ 許可をとっていれば、貼る場所に規制はない
④ 集中貼りには、規制がかかる

上記の規制の範囲で以下のようなことができます。実際に行ったものを紹介します。

① 政治活動用自動車のやぐら部分を２連型にできる
② 政治活動用自動車の弁士垂れ幕も２連型にできる
③ 支援者の自動車に２連型のシールが貼れる
④ 街頭演説用の２連型たすきとのぼりができる
⑤ 街頭演説用の２連型のＡ字看板ができる

④⑤については、地域により看板と見なすところがありますので、所轄の選管での確認が必要です。

※「一定期間」とは、立候補を予定している当該選挙の任期満了日までが満６ヶ月を切った期間を指します。それに対し、当該選挙の満期日までが満６ヶ月を切るまでの期間は「平常時」といいます。

過去に丸型にした2連ステッカーを 200 枚作成して支援者の自動車（約 100 台）に貼り、選挙区を回り出した途端、選管から連絡が入ったことがあります。

合法とわかったら、次は素材に問題があると言い出しました。そこで私は「掲示場に貼られるシール付ポスター（正式にはユポタック）すべてがポスターではなくなりますよ」。もちろん同じ素材を使っていました。

5．選挙区外は無法地帯

「選挙区以外での政治活動や選挙運動は何の役にも立たない」と一般的にはお考えになることでしょう。しかし「選挙区内にいる人は、すべてその選挙区の有権者ですか？」と反対の質問をすれば、大抵の方が「そうではない」と答えられます。

お役所の職員さんも企業の社員さんも、半数近くまたは半数以上の方が他の自治体からお勤めのために通勤されているだけなのです。それはつまり、選挙区内の有権者も同じように選挙区外にも存在するということになります。人は移動するということが、ここでご紹介するアイデアの狙いです。

選挙区外といっても、全く無関係な場所を無作為にターゲットにしていては効率が悪くなります。ターゲットは、選挙区と選挙区の境界線、しかも幹線道路を中心に狙うのです。

① 選挙期間前、期間中を問わず、選挙区外では掲示物に関する規制がない。正確には選挙区においての規制しか施されていない。

② 掲示物が隣接した選挙区に掲示されていても当該選挙区内から見えると違反。すなわち一定の距離

を保つか、向きを工夫する必要がある。

　このルールを最大限に活かします。さらに前項の「政治活動用ポスターにサイズ規制はない」でご紹介したテクニックと組み合わせれば、選挙期間中であっても「名前だけではなく顔写真入りの大型ポスターが掲示できる」という、双方の効果を兼ね備えたポスターの掲示が可能になります。

衆議院議員選挙において、小選挙区と比例区の重複立候補者は、比例ブロック全体が選挙区となるため注意が必要です。したがって、比例ブロックの端に位置する選挙区以外はこの理論はなりたちません。

6．裏打ちポスターは違反で広報板なら良い理屈

政治活動用の裏打ちポスターを全国規模で取り締まり、違反ポスターを集めたとします。きっと東京ドームが一杯になるぐらいの数が横行しているはずです。

この規制はそれくらい曖昧で、違反をしている本人も気付いていないのかもしれません。前述した通り、所轄選管によっても見解が全く異なります。

具体的に通常のポスターと裏打ちポスターとの区別する見解は以下の通りです。

通常のポスターとは「壁や窓といった箇所に、テープや糊などを用いて装着するもので、独立して立たないもの」です。裏打ちポスターとは「ベニヤ板、プラスチック板やそれらに類するものを用いること」で、この行為は禁止されています。すなわち独立して立つものは、看板と見なされるということです。

さて、フェンスや田畑など、壁が無いところにはどう対処すれば良いでしょう。すでに、取締りが厳しい地域や一部のみ利用されている方も多いのが「政党を含む政治団体の広報板（掲示板）」を利用する方法です。ただし、こちらにも規制があり、限られたポスターを貼るために設置するものや、限られたポスターを貼ることが常態化している場合も裏打ちにあたり、正確に

本文と関連する条項は「公職選挙法第 143 条（文書図画の掲示）１６項２号」で裏打ちポスターは禁止されています。ただし、政治活動用ポスターを指しているので、衆院選の政党ポスター（証紙を貼るポスター）には該当しません。

は、広報板とポスターを同時に貼る行為も違法です。

では、どうするべきでしょう。政党の広報板（掲示板）が認可されている理由は「多種多様な広報物を掲示する場所として設置されたもの」で、言い換えれば「それ自体が壁」という解釈なのです。

すなわち、政党を含む政治団体の仲間と共有し、時期ごとに譲りあうことが最も望ましいのです。

7. 政治活動用看板は政治活動のエース

政治活動用看板は、それほどサイズが大きいものではなく目立つものでもありません。しかし、候補者の名前や顔写真が入りながらも、公示前（告示前）・公示後（告示後）を通し、唯一使用できる優れものです。

これだけ重宝する看板をうまく増やす方法はないかと考え、思いついた方法があります。さすがに私も実際に行ったことはなく、決してお勧めするわけではありませんが、「目からウロコ」の章ということもあり、「看板増殖法」をあえて紹介したいと思います。

枚数（制限有）は選挙の種類により決まります。最も多いのは参院比例区、次いで衆院比例区になりますが、地域に限定があるため「看板増殖法」は意味をなしません。次に多いのは、知事・参院選挙区が同数ですが、その計算法には衆院の小選挙区数が用いられるため都道府県で異なり、最多枚数は東京都の 85 枚（個人 34 枚＋後援団体 51 枚）になります。他の選挙の都道府県議・市長・市議が同数で、12 枚（個人 6 枚＋後援団体 6 枚）が規定数です。

そこで、最もあり得るケースとしては、衆院小選挙区の 25 枚（個人 10 枚＋後援団体 15 枚）を対象にした他の選挙ということになります。すなわち、衆議院

※本文と関連する条項は「公職選挙法施行令 第 110 条の 5（後援団体等の政治活動に関する立札及び看板の類の総数等）」をご参照ください。

候補で申請、25 枚の看板を掲示し、都道府県議選・市長選・市議選（12 枚）出馬表明と同時に差引き 13 枚を撤去するという方法です。

実際に立候補する選挙区より広域過ぎて、証票の申請時に選管に疑われるかもしれません。

決して推奨はしませんが、故意でなく偶然ならば仕方ありません。

8．マイクとたすきはこう使う

「候補者のたすき」を気にとめたことがあるでしょうか。これには、ある一定の理論があります。たすきをかける方向と、演説時のマイクを持つ手の関係です。以下の４通りのうち、どれが最も適切なのでしょうか。右利き、左利きは一切関係ありません。

① たすきは左肩〜右腰、マイクは右手
② たすきは左肩〜右腰、マイクは左手
③ たすきは右肩〜左腰、マイクは右手
④ たすきは右肩〜左腰、マイクは左手

さて、理屈がわかっている人は既にそうされていることでしょうが、正解は④になります。

たすきをかける方向から考えるのではなく、マイクを持つ手から考えることがポイントです。握手は、かならず右手でするのがマナーです。右手にマイクを持つと、右利きの人が計算しながらメモを取る際、ペンと電卓を持ち替えるように、握手のたびにマイクを持ち替えなければなりません。さらに、手振りやジェスチャーに使う手も右手が理想といわれています。

次に、たすきは、左手でマイクを持ち左肩からたすきを着けて演説をしますと、たすきの肝心な部分がすべて腕で隠れて台無しになってしまうため、右肩からかけることになります。

今までマイクを右手で持っていた人も、すぐに矯正できます。また、たすきを逆にかけていた方も、反対に掛けているようで最初は気になるかもしれませんが、気になるのは本人だけです。誰も気付かないでしょうし、背中側は必然的に反対向きになります。

9．選挙事務所は１ヶ所でも選挙中の事務所とは別

選挙事務所は、知事選・参院選と衆院選の一部例外を除き１ヶ所と決められています。あくまでも「選挙事務所」であり「選挙中の事務所」ではありません。

選挙中の事務所とは、候補者の個人事務所や後援会事務所など、前項の政治活動用看板を本来立てるべき場所にあたります。市長や市議など選挙区が比較的小さくても看板の数は最大 12 枚ということから、同じく事務所も 12 ヶ所まで持てることになります。

さて、選挙事務所と選挙中の事務所との機能の違いは、大きな名入り看板を立てられないことと、特定の候補者のためのはがきの宛名書きや、電作、その他選挙運動に関する事務作業全般が不可になることです。

例外として、単に 1 回限りの演説会などの打ち合わせや、選挙運動用ビラの一時的な保管、電作等に関しても継続的、組織的に行わない限り場所を特定しませんので、その範囲は他の事務所で行うことも可能です。

次に、衆院選に限り、届出政党事務所を持つことができます。看板も選挙事務所と同サイズの名入り看板が３枚作成できます。

さらに衆院選では、比例区の事務所を都道府県に１ヶ所、政党の選挙カーが都道府県に１台（候補者届出政

本文と関連する条項は「公職選挙法第 131 条（選挙事務所の数）」および「公職選挙法施行令 第 108 条の（選挙事務所設置の届出の方法）1、2 項、第 109 条の（選挙事務所の数の特例）1、2 項」をご参照ください。

党の都道府県単位の候補者が１～12人の場合）と、比例区の選挙カー１台（名簿届出政党の比例ブロック単位の候補者が１～14人）を持つことができます。

2012年12月の総選挙では、みんなの党など都道府県に１人しか擁立していない政党の候補者は、事務所３ヶ所、選挙カー２台を独占でき、数名で比例区の選挙カーも共有できたということです。

本文と関連する条項は「公職選挙法第141条（自動車、船舶及び拡声機の使用）3項」をご参照ください。ただし「公職選挙法第86条2（衆議院比例代表選出議員の選挙における名簿による立候補の届出等）1項3」による規制があります。

10. 選挙カーは野外ステージ

選挙カーでの選挙運動に人気がないことは、前章の16 項で説明した通りです。「選挙カーでの呼びかけ」が「投票の判断材料にする」という結果で下位に位置しているといったほうが正確です。さらに、別調査では「選挙カーで名前を連呼する候補者には投票しない」「選挙カーを使っていない候補者に投票する」などが決して少数意見ではなく、選挙運動のなかで最も反感を買うものであることは間違いありません。そこまでリスクの高い選挙カーを使う意味はあるのでしょうか。

考え方を変えてみましょう。選挙期間中の候補者にとって最も大切なことは、主義・主張や公約・政策を伝える以前に、まず名前と顔を覚えてもらうことです。選挙運動用ツールのなかで、名前と顔があり、こちらから有権者の集まる場所に出向くことができるものは、候補者本人のたすきと選挙カー以外にはありません。

そういった意味でも、選挙カーは、駅頭など人が集まる場所や交差点、ショッピングセンターのＳＰなどには、欠かせません。候補者は車内からではなく外に出て立つことが望ましいため、停車時には、選挙カーをステージとして使うことが有効です。幸いにも、選挙カーの看板規制はサイズのみで枚数には制限がない

本文と関連する条項は「公職選挙法第 143 条（文書図画の掲示）の 9 項、第 201 条の 4 項（推薦団体の選挙運動の特例）6 ～ 8 号」をご参照ください。

ため、のぼりや懸垂幕（垂れ幕）などをいくつ付けても構いません。さらに、基本的には音量制限もないので、派手なステージに仕上げることも可能です。

空中戦として、むやみに住宅を回る方法は最悪です。回るなら、地盤地域など最小限に留める。浮動票を狙おうと新興住宅やマンションを回ることは、わざわざ票を減らしに行くようなものです。

11. 演説会看板は最高の立地で

演説会看板をいかに有効に使うかも、空中戦の大きな戦術になります。

すでに1日3ヶ所以上で個人演説会を開催されている陣営には看板が余ることはありませんが、開催せずに使っていない日がある場合は、看板を活用するため、個人演説会は人が集まるかどうかにかかわらず、選挙期間中は、かならず個人演説会を行うことが重要です。

公選法では、個人演説会の聴衆人数までの規制はありません。たとえ3人の出席で 15 分間の個人演説会でも「開催はできる」ということです。あまり集まりそうにない場合は、なるべく立地の良い場所に看板を立てられる会場を選ぶことがポイントです。

また、知事選、衆院選、参院選には、演説会看板の枚数に応じた標記の貼付は義務付られますが、公選法に特例があり、個人演説会を開催する際に、1枚は必ず会場前に掲示しなければならないものの、演説会場前の掲示用として使用しないものについては、選挙運動のために掲示することができ、街頭その他適当な場所に掲示しておくことができます。もちろん許可を得れば、駅前など人が集まりやすい一等地に選挙期間中継続して掛けておくことも可能です。

本文と関連する条項は「公職選挙法第 164 条の 2（個人演説会等の会場の掲示の特例）」をご参照ください。

さらに、街頭演説に役に立つ「T字型演説会看板」という新兵器を考案、作成しました。今まで、政治活動や選挙運動を通して不可能と思われていた「名入・顔写真入り」の合法的な移動式看板です。

標記を貼付することと、閲覧行為にならないよう移動しながらの使用を避け、かならず停止した状態で使用してください。

12. 街頭演説にはさくらがいる

大物弁士が来訪すると聞いた途端に選挙事務所内がてんやわんやになる。選挙中によく見かける光景です。来訪される弁士が大物になればなるほど日程調整が困難で、早くても3日前、ひどい場合は前日に決まるような有様です。

この場合、事務所は、最低でも以下の準備に追われることになります。

① 場所決めと場所の確保
② タイムスケジュールとシナリオの検討
③ 司会者と弁士の手配
④ 警備員の手配
⑤ 支援者への動員案内
⑥ 一般聴衆への案内方法の検討
⑦ 懸垂幕（名入り垂れ幕）の手配

箱ものか街頭かは、来訪される弁士の向き不向きや、選挙区の風土や特性があり一概にはいえませんが、有名人であれば、不特定多数の方に参加していただくため、できるだけ街頭演説にしたいものです。

今までの街頭演説での成功事例をご紹介します。スタッフまたは支援者を2つのグループに分けます。1

グループは、最少人数でスタッフユニフォームを着用し、ローピングや、のぼりを持つ班を編成します。残りの１グループは、できる限り人員を投入し、私服を着たまま一般聴衆に混じり、拍手役に徹します。

２～３人で空を見上げていますと、見上げる人がどんどん増えてくる現象を、行動感染といいます。まさしくその心理を利用した例です。

13.「○○来たる」ビラにはご用心

前頁の続きになりますが、大物弁士来訪時の案内には手を焼くものです。陣営としては、もちろん多くの聴衆で会場を埋め尽くし、選挙を有利に運ぶことが何よりも大事なことですが、その前にある程度の聴衆を集めないとカッコつかないという思いが先行します。

そして、一般の聴衆を呼びたい気持ちが焦りに変わり、確実な支援者への動員を始めてしまうのです。

支援者への動員は、すでにある名簿から電話、ＦＡＸ、メールで案内をすれば済みますが、これだけでは最低聴衆人数しか確保できません。

来訪される弁士は、近隣の選挙区も同時に回るケースが多く、仲間である他陣営に負けるわけにもいきません。そこでどうしても必要なのが、一般の聴衆への案内です。

前頁で「一般聴衆への案内方法の検討」と長ったらしい言い回しをしたのもこの理由からです。

方法は以下の通りです。

① 公示前（告示前）

ビラの頒布、政治活動用自動車での宣伝、弁士型ポスターへの案内の貼付、プラカードなどの掲示など

ＦＡＸやメールは、ネット解禁前でも選挙スタッフへの事務連絡に限り、公示前（告示前）、公示後（告示後）を通し認められています。

② 公示後（告示後）
　選挙自動車での宣伝、公営掲示場ポスターへの案内の貼付など

　公示前（告示前）は、単なる政治活動のため制約が少なく、公示後（告示後）は、選挙運動期間のため制約だらけです。聴衆の動員が重要なら、少なくとも公示前（告示前）のほうが都合がよいということです。

選挙期間中は、公営掲示場ポスターは種類に制限が無いため、上から他のものを貼りつけることも許されますが、衆院選の政党ポスターや確認団体のポスターは証紙貼付後の改変が認められていないため、上からは貼れません。

14. 候補者分身の術

候補者はどんな選挙でも当然1名ですが、しかし、スタッフさえ充実していれば、選挙期間中は以下の方法で最大3ヶ所の街頭活動が可能です。

候補者は、選挙カーには乗りません。候補者が選挙期間中のすべてを選挙カーで過ごすような選挙運動は、最低の空中戦です。もちろん地域によっては「選挙区が広大で移動手段として半日は乗らないと選挙にならない」という事情もありますので、例外はあります。また、本人がどうしても乗っていないと困る局面もあるとは思います。それでも選挙カーへの乗車は、必要最低限にすることをお勧めします。

① 街頭演説
候補者＋運動員2～5名……………標旗有、地声

② 選挙カー
運転手＋乗務員2～3名……………標旗有、拡声器

③ 街頭演説（選挙カー周辺）※
候補者の身内＋運動員2～3名….標旗無、地声

しかし、実情は、選挙カーを降りての街頭活動は厳しいもので、選挙カーに乗ることが候補者にとっては一番楽な方法です。それが証拠に、若い候補者ほど選

※衆院選に限り候補者届出政党は街頭演説に標記が不要ですが、選挙カーの上または周辺に限定されます。また、参院比例区は例外で、選挙カー２台に加え、街頭演説が６ヶ所まで可能です。

挙カーには乗らないのです。確かに、若い候補者には地盤がなく、支持者の地域を回ることができないという理由もあるでしょうが、反面、それでも当選を果たした若い候補者は、不特定多数の支持を得たという結果の現れでもあります。

選挙カーは、候補者のテープとウグイスで回して、「候補者の持ち腐れ」にならない工夫が必要です。

本文と関連する条項は「公職選挙法第 164 条の 5(街頭演説)」をご参照ください。

15. 駅配分＝電車利用率×2÷乗車率の理論

駅頭ばかりでは地域により30％以下の有権者にしか会えないことを、前章の4項で説明しました。

では、具体的にどこでどのように街頭活動をするのが効率的かということに触れます。

まず、選挙区での有権者の自動車利用率が40%、電車利用率が25%、自転車利用率が15%、その他が20％とします。さらに、選挙区内の駅はＪＲ・私鉄・地下鉄を含め5駅あり、出口は述べ10ヶ所あったとして仮説を立ててみます。

乗降目的の駅利用者は25％ですが、駅周辺には商業施設などが集まっている可能性も高く、乗降目的以外の人が集まりやすい場所ともいえます。また、たとえそのような商業施設がなく、乗降目的の人しかいなかったとしても、人が集まるところは効率が良いことは確かですから、実際の按分の2倍程度駅周辺での活動回数を増やすことがお勧めです。

① 駅頭…………平日朝夕（50%）、土日日中（50%）
② 交差点………平日朝夕（50％）
③ SC※…………土日日中（50%）

次に、5つある駅の乗車率を調べます。ただし、乗

※SCはショッピングセンターの略です。郊外型の大型スーパーやホームセンターなどを指します。

降客には 20 歳未満の学生などが含まれています。非有権者の乗車数を差し引きます。その数字を駅のみで按分し、出口の利用率でさらに按分すれば、どの駅のどの出口で何回活動すべきかの具体的な計算が成り立ちます。

勝手なイメージで行うのではなく、最終的には、そのデータを基に確実にこなしていくことが大切です。

16. 名前は 30 秒に 1 回

交差点に立って街頭演説をしていても「徒歩や自転車の人々に声は届くが、何を言っているか伝わっていないので無意味だ」という人もいます。

しかし、主義主張や政策を語っても、ほとんどの有権者は聞いていません。内容を伝えることよりも、はっきりとした大きな声で訴えている「行動」こそが大切なのです。極端にいえば、交差点立ちを含むＳＰの内容は何でもいいのです。それよりも、頑張っている姿勢を見せることが何よりも大切です。主義主張や政策を訴えるにはビラや選挙公報というもっとわかりやすいツールがあります。急いでいる通勤途中の方が、わざわざ交差点での演説を聞こうとは思いません。有権者にとって、街頭演説は、候補者の主義主張を「聞く」機会ではなく、候補者を「見る」機会なのです。

駅頭も含め、朝夕の通勤者相手への演説は 60 秒にまとめるのがベストです。もちろん 1 時間も同じ場所で同じことを言ってられませんので、3 〜 5 通りぐらいのフレーズは用意しておくのが理想です。また、次に同じ場所で演説する際は、すべて新しいフレーズに変えていく必要があります。

また、演説の前を通過した人の耳に入るのは 15 〜

20 秒と言われています。したがって、氏名は 30 秒に１度入れるのが適当です。30 秒では氏名を聞き逃されることもありますが、これ以上入れるのは行き過ぎで、バカに見えてしまいます。

いかにも地味なテクニックで、大量に票を獲得する派手な方法ではありませんが、最後には、この「地味な活動」の積み重ねが常に勝敗を分けてきました。

17. 部内資料・討議資料に意味はない

駅頭で頒布しているビラやリーフレットに「部内資料」「討議資料」と記載されたものがあります。公選法上、政治活動中の制作物に対してこの言葉を入れないといけないというルールは一切ありません。

あくまでも後援会や政治団体が、その資料が「政治活動用で事前選挙運動ではない」ということを表現しようとして「内部のみの資料」「討議用の資料」という意味で記載しているのであろうと思われます。

政治活動用ビラの扱いは、以下の点が判断基準になります。

① 発行元………候補者個人、政治団体、後援会他
② 配布目的……適切な政治活動目的か否かの判断
③ 掲載事項……選挙運動にわたっていないかの判断
④ 配布時期……公示日（告示日）までの期間
⑤ 配布方法……街頭、郵送、折込、ポスティング他
⑥ 作成枚数……スタッフ分、後援会分、全戸分他
⑦ 形状…………サイズや形

すなわち、同じ内部資料でも、陣営の幹部スタッフのみの配布か、もう少し広く後援会メンバーへの配布か、そのどちらでもない不特定多数に頒布されたもの

本文と関連する条項は「公職選挙法第 201 条の 6（通常選挙における政治活動の規制）1 ～ 5 号」および「第 201 条の 11（政治活動の態様 ）の 5 号」をご参照ください。

かの事実関係以外は、重視されないということです。

もちろん選管も同じ見解なのですが、前項の説明通り、この事実を否定することもありません。「口出しする話ではない。最終判断は警察が決めること」という言葉しか返ってきません。

しかし「警察が部内資料、討議資料の記載の有無で判断することはない」と付け加えてくれます。

18. 機関紙誌は選挙を変える

政治活動中に政党や政治団体の機関紙誌を目にすることはありますが、選挙期間中に利用している候補者を目にすることはあまりありません。正確なルールを理解していないことが原因かもしれませんので、ご紹介します。機関紙誌の発行の条件は以下の通りです。

① 記事の内容
報道や評論を記載するものであること
選挙運動にわたらない範囲であれば、選挙中の候補者の氏名･写真の掲載も可

② 発行元
衆院選………政党、政党等の本部
(政党等は政党要件を満たさない政党)
その他………政党、その他の政治団体の本部
(その他は確認団体制度のある選挙)

③ 頒布方法(6ヶ月以上)
平常行われた方法(それまでに駅頭頒布やポスティングの実績があれば同じ方法になる)

④ 頒布方法(6ヶ月未満)
衆院選………政党演説会の会場(屋内のみ)
その他………政談演説会の会場(屋内のみ)

本文と関連する条項は「公職選挙法第201条の15(政党その他の政治団体の機関紙誌)1～3号」をご参照ください。

⑤　届出

公示前（告示前）……不要

公示後（告示後）……管轄の選管に事前届出要

すなわち、機関紙誌は６ヶ月以上前からを頒布することで、選挙期間中も頒布することができます。また、選挙中の頒布は、選管に届出る必要があるため、基本的には発行責任を問われることもありません。

19. 確認団体の正体

確認団体という団体が存在するのではなく、正しくは「確認団体制度」という制度が存在し、政党や政治団体がその制度を利用することになります。公選法上、選挙期間中でも「一定の選挙」で確認団体制度を利用することができ「一定の政治活動」が許されます。

「一定の選挙」とは、参院選、知事選、都道府県議選、政令市長選、政令市議選、一般市長選の 6 種類に限定されます。衆院選で認められていない理由は、政党が直接選挙運動をすることが容認されているため制度を利用する必要がないからです。選挙中の個人証紙ポスター（正しくは政党ポスター）は、この理由で掲示できます。ちなみに、小選挙区制になるまでは、衆院選にも確認団体制度がありました。

また「一定の政治活動」とは、演説会の開催、自動車の使用、ポスターの掲示、ビラの頒布などで有利な条件を与えられます。選挙中に政党の自動車が各地選挙区を巡回しているのは、正にこの制度を利用しているから可能なのです。

知事や市長といった首選には、政党所属者はごく少数です。その理由から、候補者1名でも利用可能になり、ほとんどの選挙で利用されています。

しかし、都道府県議選、政令市議選でも認められているのに、この制度を利用されているケースは少なく、あまりよく知られていません。確かに、同じ選挙への候補者が３人以上必要であるとか、また選挙区に掲示できる政治活動用ポスターは、首長1,000枚に対し、100枚に限定されるなど、諸条件は厳しくなります。

しかし、この制度をフルに利用するべきです。

20. コピ・ルアクとマダムシンコ

コピ・ルアクとは、ジャコウネコの糞から採られる未消化のコーヒー豆のことです。簡潔にいうと、産出量が少なく世界で最も高価なコーヒーの名称です。インドネシアのコーヒー農園で栽培されているコーヒーの木から熟して落ちた果実を、野生のジャコウネコが餌として狙います。目的は果肉であり、種子にあたるコーヒー豆は消化されずにそのまま排泄されるので、現地の農民はその糞を探して、中からコーヒー豆を取り出し、きれいに洗浄し、よく乾燥させた後、高温で焙煎します。ジャコウネコの腸内の消化酵素の働きや腸内細菌による発酵によって、コーヒーに独特の香味が加わるといわれています。有名なコーヒー豆で高価な「ブルーマウンテンNo.1」や「ハワイコナ」は 100g で 1,500 円前後ですが、コピ・ルアクは、100g で 5,000 円前後という高値で売られています。

マダムシンコのマダムブリュレは、いわずと知れた売れに売れている洋菓子です。価格のほうは 1,470 円で、10 カットにすれば 1 カット当たり 147 円と、それほど高価なものでもありません。

さて、本題です。選挙事務所に訪れた方、またボランティアで支援をいただいている皆様に、お金を 1 円でも払えば、もちろん選挙違反です。夏の暑い盛りの選挙期間中、涼みがてら喫茶店に入った候補者の世話人がボランティアの運動員にアイスコーヒーを飲ませたことが原因で、逮捕された事例もあります。

コピ・ルアクはさすがに高価過ぎますが、茶類の価格に規制はありません。美味しいコーヒーと、マダムブリュレでのおもてなしでは、選挙違反になりません。

本文と関連する条項は「公職選挙法 第 139 条（飲食物の提供の禁止）」をご参照ください。その条文に飲食物（湯茶及びこれに伴い通常用いられる程度の菓子を除く）を提供することができない旨が記載されています。

第4章
選管も教えない違反基準

1．基礎編

近年では、インターネットなどで安価にて作成できることもあり、似顔絵を使っている候補者をよく目にします。しかし、選挙ではあまり役立ちません。似顔絵は候補者の名前や顔に類推するため、名前と顔を入れてよいツールにしか使えないことになるからです。

唯一の利用法としては、候補者の似顔絵を見れば一目でわかるくらい著名な方であれば、イメージ戦略として成り立ちます。その候補者が高齢で見た目が悪くなり、実物の写真を出すより似顔絵を出すほうが有利と判断されるときや、他には、選挙運動用ビラに漫画を掲載する計画があるうえで、早い時期から主人公のキャラクターとして扱うくらいしか思いつきません。

「シンボルマークならば選挙に使える」と記された書籍もありますが、これも大きな間違いです。公選法では「シンボルマーク」も禁止されています。2010 年参院選で民主党の蓮舫議員が使用した横顔のシルエットに「ＳＨＩＷＡＫＥ２０１０」と載せたのぼりとＴシャツは、方々から批判を浴びていました。

この章では、そんな曖昧な知識と実態を、判例や警告の事例に私の経験を加え、グレースケールで表現した図を用いて、わかりやすく説明します。

本文と関連する条項は「公職選挙法第 146 条（文書図画の頒布又は掲示につき禁止を免れる行為の制限）」をご参照ください。

○ 公示前（または告示前）

ツール／デザイン	ポスター 屋外掲示	のぼり 街頭使用	ユニフォーム 街頭使用
政党を含む 政治団体名			
候補者の キャッチフレーズ			
候補者の シンボルマーク			
候補者の 似顔絵			
候補者の 名前や顔写真			

○ 公示後（または告示後）

ツール／デザイン	ポスター 屋外掲示	のぼり 街頭使用	ユニフォーム 街頭使用
政党を含む 政治団体名			
候補者の キャッチフレーズ			
候補者の シンボルマーク			
候補者の 似顔絵	衆院選届出政党 公営掲示場除く		
候補者の 名前や顔写真	衆院選届出政党 公営掲示場除く		

- 適法といえる
- 脱法だが、警告を受けた事例は少ない
- 警告を受ける可能性あり
- 完全な公職選挙法違反といえる

当局（管轄の選管および警察）の解釈や見解は、地域や担当者により大幅に異なります。上表は、過去の判例や警告の事例に、私どもの経験を加えたものです。決して推奨や保証をするものではありませんので、ご了承ください。

2．名刺編

名刺は、公示前（告示前）に頒布する場合、使用目的によって大きく左右します。氏名や顔を売るためのものであれば売名行為にあたる恐れがあります。しかし、単に一般的な挨拶用のツールとして用いるなら、公選法に抵触することはありません。

「名刺はビラと比べて駅で配っても捨てられにくい」というようなことを耳にします。名刺は、限られたスペースに顔写真と名前を掲載するしかなく、上記の理由から、目的が選挙目当てと関連づけられても仕方がありません。不特定多数への頒布はお勧めできません。

一方、ビラは、元々、本人や政治団体の主義主張および政策を訴える媒体であり、一概にはいえませんが、内容しだいで名刺より違反行為にならない可能性が高いということです。

また、名刺は、公示後（告示後）に頒布してもよいツールに属さないため脱法文書として扱われ、基本的には撒くことを禁じられています。

このように、名刺もビラと同じように内容、時期（選挙期間まで間近かどうか）、頒布枚数（発行部数）、頒布方法のすべての要素を総合的にみて違反かどうかを判断されます。詳しくは右図をご参照ください。

本文と関連する条項は「公職選挙法第 129 条（選挙運動の期間）」、「公職選挙法第 142 条（文書図画の頒布）」をご参照ください。

○ 公示前（または告示前）

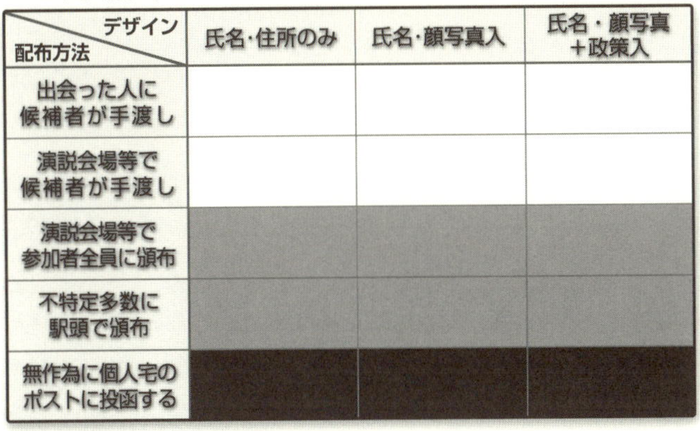

○ 公示後（または告示後）

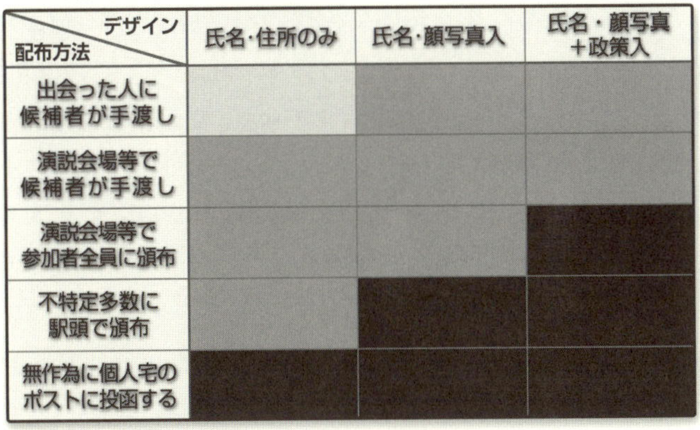

□ 適法といえる
□ 脱法だが、警告を受けた事例は少ない
□ 警告を受ける可能性あり
■ 完全な公職選挙法違反といえる

当局（管轄の選管および警察）の解釈や見解は、地域や担当者により大幅に異なります。上表は、過去の判例や警告の事例に、私どもの経験を加えたものです。決して推奨や保証をするものではありませんので、ご了承ください。

3．リーフレット編

後援会の加入や勧誘を案内するために、返信用はがきが組み込まれたリーフレット型のツールが多く用いられています。

私の意見としては、このツールの目的は、後援会メンバーを増やすことよりも、知名度をあげるためと、支持者を増やすツールとして位置付けています。候補者本人は名刺というツールがありますが、他人である支持者が特定の候補者を紹介する際に友人や知人に候補者の名刺を渡すのもおかしな話ですし、口だけではなかなか伝わりませんので、なにか「伝えやすいもの」が必要になります。そのためのツールと考えています。

また、名簿集めにはかなりの通信費がかかります。最安でも１枚 60 円で、１万枚回収すると 60 万円に上ります。その点を考慮し、名簿集めのツールは、ＦＡＸ版の「後援会入会書」をお勧めしています。

さて、この活動自体は、特定の選挙を前提としていない限り、通常の政治活動のため特に問題はありません。ただし、頒布する文書の内容が選挙運動にわたらないことが絶対条件であり、頒布の方法や時期により、事前選挙運動として捉えられる場合がありますので、ご注意ください。

本文と関連する条項は「公職選挙法第 129 条（選挙運動の期間）」、「公選法 142 条（文書図画の頒布）」をご参照ください。

○ 公示前（または告示前）

デザイン 配布方法	氏名･住所のみ	氏名･顔写真入	氏名・顔写真 ＋政策入
出会った人に 候補者が手渡し			
演説会場等で 候補者が手渡し			
演説会場等で 参加者全員に頒布			
不特定多数に 駅頭で頒布			
無作為に個人宅の ポストに投函する			

○ 公示後（または告示後）

デザイン 配布方法	氏名･住所のみ	氏名･顔写真入	氏名・顔写真 ＋政策入
出会った人に 候補者が手渡し			
演説会場等で 候補者が手渡し			
演説会場等で 参加者全員に頒布			
不特定多数に 駅頭で頒布			
無作為に個人宅の ポストに投函する			

- 適法といえる
- 脱法だが、警告を受けた事例は少ない
- 警告を受ける可能性あり
- 完全な公職選挙法違反といえる

当局（管轄の選管および警察）の解釈や見解は、地域や担当者により大幅に異なります。上表は、過去の判例や警告の事例に、私どもの経験を加えたものです。決して推奨や保証をするものではありませんので、ご了承ください。

4．ビラ編

政治活動・選挙運動を通じて、ビラを撒く行為こそ最も機会の多いことだと思います。また、使用頻度が高い理由から、選挙違反でとがめられるケースの最も多いツールになります。

ビラとは、本人または政党を含む政治団体が、主義主張を訴える目的で頒布（不特定多数に配ること）することが大前提となり、名前や顔を売る目的（売名行為）であれば、選挙運動にわたると判断され事前選挙運動ということになり公選法に抵触します。

その判断基準は、発行元、頒布目的、掲載事項、頒布時期、頒布方法、作成枚数、形状の７点になります。

なかでも、最も注視されるのは、頒布目的、掲載事項、頒布時期、頒布方法の４点になり、すべての要素を総合的にみて違反かどうかを判断されます。

また、形状についての公選法上の定義は、一般的に用いるチラシ・フライヤー・リーフレットなどをすべてビラといい、リーフレットとは開くと１枚になるものを指し、冊子になるものはパンフレットに区別され、組み立てられて一枚にならないものなどはビラには含まれません。この点を踏まえれば、様々な形状のビラでアピールすることができます。

本文と関連する条項は「公職選挙法第 129 条（選挙運動の期間）」、「公職選挙法第 142 条（文書図画の頒布）」をご参照ください。また、公営の選挙運動用ビラおよび機関紙誌については、新聞紙及び雑誌の扱いになりこの項には含まれません。

○ 公示前（または告示前）

デザイン／頒布方法	氏名・顔写真掲載なし	氏名・顔写真が1/10程度	氏名・顔写真が1/5程度
後援会員等特定の方に郵送			
演説会場等で参加者に配布			
不特定多数に駅頭で頒布			
新聞折込			
無作為に個人宅のポストに投函する			

○ 公示後（または告示後）

デザイン／頒布方法	氏名・顔写真掲載なし	氏名・顔写真が1/10程度	氏名・顔写真が1/5程度
後援会員等特定の方に郵送			
演説会場等で参加者に配布			
不特定多数に駅頭で頒布			
新聞折込			
無作為に個人宅のポストに投函する			

- □ 適法といえる
- □ 脱法だが、警告を受けた事例は少ない
- □ 警告を受ける可能性あり
- ■ 完全な公職選挙法違反といえる

当局（管轄の選管および警察）の解釈や見解は、地域や担当者により大幅に異なります。上表は、過去の判例や警告の事例に、私どもの経験を加えたものです。決して推奨や保証をするものではありませんので、ご了承ください。

5．政治活動用ポスター編

政治活動用ポスターには、政党を含む政治団体のポスター、個人ポスター、弁士型ポスターと大きく分けて３種類あります。

政党を含む政治団体のポスターは、政党名やスローガンが掲載されているものです。期間を気にせず掲示できますが、代表の写真が掲載され、かつ代表が自身の選挙を控えた当該選挙区内に貼ることができるのは、公示日（告示日）までとされています。

個人ポスターは、政治家 1 名の顔写真と氏名が掲載され「平常時※」にのみ掲示できます。

弁士型ポスターは、1 名の政治家と他 1 名以上の顔写真と氏名、各氏名の付近に「弁士」が掲載され「一定期間※」に入っても掲示できるものです。

ルールに若干の違いはありますが、あくまでも政治活動が目的とされ、本人の顔や名前を売る（売名行為）であってはならないという点ではおなじことがいえます。政治活動において、個人（または政治団体）の主義主張を訴えるもの、または個人演説会（または政党・政治団体の演説会）の告知など、実態はどうであれ、本人の顔や名前を売る意図ではない「明確な目的」が必須条件になります。

本文と関連する条項は「公職選挙法第 143 条（文書図画の掲示）」をご参照ください。 ※「平常時」とは、当該選挙の任期満了日まで満 6 ヶ月以上有する期間を指し「一定期間」とは、当該選挙の任期満了日まで満 6 ヶ月を切る期間を指します。

○ 公示前（または告示前）

掲示場所 ＼ デザイン	政党・政治団体ポスター	個人ポスター	弁士型ポスター
候補者の事務所や後援会事務所		平常時のみ可 一定期間不可	
許可を得た支持者の自宅や所有地		平常時のみ可 一定期間不可	
演説会場等の会場内		平常時のみ可 一定期間不可	
政治活動用自動車		平常時のみ可 一定期間不可	
無許可の公共施設	■	■	■

○ 公示後（または告示後）当日以降の増設・移動を除く

掲示場所 ＼ デザイン	政党・政治団体ポスター	個人ポスター	弁士型ポスター
選挙事務所や後援会事務所	公示日前日までの貼付が要	■	■
許可を得た支持者の自宅や所有地	公示日前日までの貼付が要	■	■
演説会場等の会場内	公示日前日までの貼付が要	■	▨
政治活動用自動車	公示日前日までの貼付が要	■	■
無許可の公共施設	■	■	■

- □ 適法といえる
- ▨ 脱法だが、警告を受けた事例は少ない
- ▨ 警告を受ける可能性あり
- ■ 完全な公職選挙法違反といえる

当局（管轄の選管および警察）の解釈や見解は、地域や担当者により大幅に異なります。上表は、過去の判例や警告の事例に、私どもの経験を加えたものです。決して推奨や保証をするものではありませんので、ご了承ください。

6．その他の紙媒体編

その他で、一般的に使用されている紙媒体のツールといえば、まず、はがきや封筒が考えられます。

はがきは、主にポスターを掲示していただいたお宅や、後援会に入会していただいた方などに差し出す礼状として使用する場合が多く、他の媒体とデザインやカラーリングを統一したものを用意しておくと、とても重宝します。

参考までに、企業のＰＲ方法をご紹介します。東京ビッグサイト、千葉の幕張メッセ、インテックス大阪などでは、あらゆる業界の様々な展示会が毎日のように開催されています。出展各社は立派なパンフレットを何種類も用意し、持ちやすいように手提げ袋に入れて渡してくれます。いくつものパンフレットを貰った来場者は、一様に同じ行動をとります。一番大きくしっかりした手提げ袋に他の袋の中身を移し、一つにまとめていくのです。そして、数千の来場者のほとんどが、同じ会社名のロゴが印刷された紙袋を持って会場を後にします。

政治家の封筒も、氏名が書かれていて当然のものでしょう。その封筒に資料を入れて集会の会場から持ち帰るのも、必然の姿でしょう。

本文と関連する条項は「公職選挙法第 142 条（文書図画の頒布）」をご参照ください。はがきや封筒もビラと判断される可能性が高いため、目的や頒布方法などで違反基準を決められます。基本的には、ビラの配布と同一の見解です。

○ 公示前（または告示前）

配布方法＼デザイン	氏名なし 住所のみ封筒	氏名・住所封筒	氏名・顔写真入 封筒
事務所で来訪者に手渡し			
後援会員等特定の方に郵送			
演説会場等で参加者に配布			
不特定多数に駅頭で頒布			
無作為に個人宅のポストに投函する			

○ 公示後（または告示後）

配布方法＼デザイン	氏名なし 住所のみ封筒	氏名・住所封筒	氏名・顔写真入 封筒
事務所で来訪者に手渡し			
後援会員等特定の方に郵送			
演説会場等で参加者に配布			
不特定多数に駅頭で頒布			
無作為に個人宅のポストに投函する			

適法といえる

脱法だが、警告を受けた事例は少ない

警告を受ける可能性あり

完全な公職選挙法違反といえる

当局（管轄の選管および警察）の解釈や見解は、地域や担当者により大幅に異なります。上表は、過去の判例や警告の事例に、私どもの経験を加えたものです。決して推奨や保証をするものではありませんので、ご了承ください。

7．タスキ編

タスキは、身に着けるもののなかで、公示後（告示後）に名入りが認められる唯一の選挙グッズです。では、公示前（告示前）に着けることのできるタスキはないのでしょうか。

公示前（告示前）は名入りのタスキが禁止されているため、所属政党・政治団体（候補者）のイメージカラーやスローガンを入れた「政治活動用としてのタスキ」であれば、街頭で着けても問題がありません。誰が候補者かわからないという観点から、存在を表すためのアピールグッズとしては有効だと思います。

また、公示前（告示前）でも、演説会場内であれば名入りタスキを着けることができるので、活用しない手はありません。余談ですが、以前、写真入りのタスキを着けている候補者を見かけました。生顔の横に顔写真が並び、違和感を覚えたものです。

ちなみに、「本人」と書かれたタスキも販売されていますが、着けないよりはましという程度のものです。「本人」タスキは、河村たかし現名古屋市長が 1993 年衆院選初当選時に使ったのが元祖といわれています。公示前に名入りタスキを使って活動しているところを愛知県選管に注意されたことがきっかけといいます。

本文と関連する条項は「公職選挙法第 143 条（文書図画の掲示）」をご参照ください。1 項 3 号に「公職の候補者が使用するたすき、胸章及び腕章の類」についてが記されています。

○ 公示前（または告示前）

デザイン／使用場所	無地または「本人」	スローガン入	氏名入
候補者の事務所や後援会事務所内			
支持者の自宅内や会社内			
演説会場等の会場内			
演説会場等の周辺			■
駅頭やその他街頭演説会周辺			■

○ 公示後（または告示後）

デザイン／使用場所	無地または「本人」	スローガン入	氏名入
選挙事務所や後援会事務所内			
支持者の自宅内や会社内			
演説会場等の会場内			
演説会場等の周辺			
駅頭やその他街頭演説会周辺			

□ 適法といえる
▒ 脱法だが、警告を受けた事例は少ない
▓ 警告を受ける可能性あり
■ 完全な公職選挙法違反といえる

当局（管轄の選管および警察）の解釈や見解は、地域や担当者により大幅に異なります。上表は、過去の判例や警告の事例に、私どもの経験を加えたものです。決して推奨や保証をするものではありませんので、ご了承ください。

8．政治活動用看板編

政治活動用看板は、公職者や公職の候補者である個人とそれらの後援団体が「政治活動のために使用する事務所に設置する事務所看板」という認識のものです。「連絡所」と記載されたものや、何も記載されていないものも見受けますが､正確とはいえません。その理由は、選管は申請があると実物を確認せずに設置予定場所を記した書類のみで証票を交付する、また、現場へ出向き照合する、というようなきちんとした確認がないことが挙げられます。例えば､空き地や田畑､駐車場のフェンスなどにも掲示されているようですが、選管または警察が取り締まりを強化すれば、間違いなく撤去命令が下されます。

正確には、個人用の枚数制限と後援会用の枚数制限が分かれている通り､「○○事務所」と記載されたものが個人用、「○○後援会事務所」と記載されたものが後援会用といった具合に、明確に区別した 2 種類のものを作成することが望ましく思われます。

また、政治活動用看板は、選挙中も撤去する必要がないため重宝します。例えば、選挙事務所予定場所を公示日（告示日）まで個人事務所として使用すれば、2 枚まで掲げることが可能です。

本文と関連する条項は「公職選挙法施行令 第 110 条の 5（後援団体等の政治活動に関する立札及び看板の類の総数等）」をご参照ください。

○ 公示前（または告示前）

デザイン / 使用場所	1ヶ所1枚	1ヶ所2枚	1ヶ所3枚
候補者や後援会事務所			
許可を得た支持者の自宅や所有地			
演説会場等の会場内			
政治活動用自動車			
無許可の公共施設			

○ 公示後（または告示後）当日以降の増設・移動を除く

デザイン / 使用場所	1ヶ所1枚	1ヶ所2枚	1ヶ所3枚
候補者や後援会事務所			
許可を得た支持者の自宅や所有地			
演説会場等の会場内			
政治活動用自動車			
無許可の公共施設			

- 適法といえる
- 脱法だが、警告を受けた事例は少ない
- 警告を受ける可能性あり
- 完全な公職選挙法違反といえる

当局（管轄の選管および警察）の解釈や見解は、地域や担当者により大幅に異なります。上表は、過去の判例や警告の事例に、私どもの経験を加えたものです。決して推奨や保証をするものではありませんので、ご了承ください。

9．自動車看板編

自動車看板は、政治活動用自動車、および選挙カー、(正式には選挙運動用自動車、選車、街宣車ともいう)に使用する看板に集約されます。

公示前（告示前）の政治活動用自動車には、候補者の氏名や氏名に類推する看板類を装着することは許されません。しかし、政治活動用自動車に限らず、支援者の自動車に政治活動用のポスターを貼る行為は違法にはなりません。また、政治活動用自動車の看板には、サイズ規制がなく、大きな制約はありません。

したがって、公示日（告知日）までは、照明を当てた看板の位置に、看板と同じサイズの弁士型ポスターが貼られていても、違法にはならないということです。

また、看板の内側照明は、行燈（あんどん）にならない（四方を囲まず角に隙間を空ける）ようにすれば、公選法上の問題はありません。候補者の懸垂幕(垂れ幕)も、公示前（告知前）は２連タイプ、公示後（告知後）の選挙カーでは通常のものが使用できます。

ちなみに、選挙カーの看板には 73cm×273cm 未満というサイズ制限がありますが、枚数制限はありません。最近では、高層マンションの窓からも見えるよう上部にも付けることをお勧めしています。

本文と関連する条項は「公職選挙法第 143 条（文書図画の掲示）」をご参照ください。1 項 2 号に「選挙運動のために使用される自動車又は船舶に取り付けて使用するポスター、立札、ちようちん及び看板の類」が記されています。

○ 公示前 (または告示前)

使用場所＼デザイン	平常時個人ポスター	一定期間弁士型ポスター	政党ポスター
支持者の自動車	3〜4枚程度	3〜4枚程度	3〜4枚程度
政治活動用自動車	3〜4枚程度	3〜4枚程度	3〜4枚程度

○ 公示後 (または告示後)

使用場所＼デザイン	政党ポスター	衆院届出ポスター	確認団体ポスター
支持者の自動車	■	■	■
政治活動用自動車	■	■	■
政治活動用(確認団体)自動車		/	
選挙運動用自動車		証紙要 枚数制限なし	証紙要 枚数制限なし
衆院届出政党自動車		証紙要 枚数制限なし	/

☐ 適法といえる
▨ 脱法だが、警告を受けた事例は少ない
▨ 警告を受ける可能性あり
■ 完全な公職選挙法違反といえる

当局(管轄の選管および警察)の解釈や見解は、地域や担当者により大幅に異なります。上表は、過去の判例や警告の事例に、私どもの経験を加えたものです。決して推奨や保証をするものではありませんので、ご了承ください。

10. のぼり編

のぼりは、前章でも説明している通り、使用目的が最も大きな判断基準となります。公示前（告知前）にのぼりを使用する場合、本人または政党を含む政治団体が主義主張を訴える目的で使用するなら特に問題なく、名前や顔を売る売名行為であれば事前選挙運動と見なされ公選法に抵触するということです。すなわち、候補者本人の氏名や顔がなく、氏名を類推することが記載されていなければ良いわけですから、スローガンなどが記載されているものは適法ということです。無地は、目的が曖昧になってしまうので注意が必要です。

さて、公示後（告示後）は、選挙運動用として使用してもよいツールに属さないため、すべて適法とはいえません。「公示後（告示後）は無地ならば良い」という理屈は、勝手に作り上げたデマだということです。

唯一、氏名や顔が印刷されたのぼりを使用することができる方法は、以下４ヶ所となります。

① 演説会場等の入口周辺…………公示後のみ
② 演説会場等の会場内……………公示前・公示後
③ 政治活動用看板として使用※…公示前・公示後
④ 選挙自動車看板として使用……公示後のみ

本文と関連する条項は「公職選挙法第 143 条（文書図画の掲示）」をご参照ください。 ※政治活動用看板として使用する際は、サイズ規制を守り、交付された標記を貼付し、あくまでも事務所に掲示するもので持ち歩くことはできません。

○ 公示前（または告示前）

使用場所＼デザイン	無地	スローガン入（氏名類推無）	名前入（顔写真含む）
候補者や後援会事務所			政治活動用看板使用の場合は可
支持者の自宅や所有地			政治活動用看板使用の場合は可
演説会場等の入口や会場内			入口　会場内
政治活動用自動車			
駅頭やその他街頭演説会周辺			

○ 公示後（または告示後）

使用場所＼デザイン	無地	スローガン入（氏名類推無）	名前入（顔写真含む）
候補者や後援会事務所			政治活動用看板使用の場合は可
支持者の自宅や所有地			政治活動用看板使用の場合は可
演説会場等の入口や会場内	入口は2枚迄会場内制限無	入口は2枚迄会場内制限無	入口は2枚迄会場内制限無
選挙運動用自動車	自動車看板同扱いのため制限無	自動車看板同扱いのため制限無	自動車看板同扱いのため制限無
駅頭やその他街頭演説会周辺			

- 適法といえる
- 脱法だが、警告を受けた事例は少ない
- 警告を受ける可能性あり
- 完全な公職選挙法違反といえる

当局（管轄の選管および警察）の解釈や見解は、地域や担当者により大幅に異なります。上表は、過去の判例や警告の事例に、私どもの経験を加えたものです。決して推奨や保証をするものではありませんので、ご了承ください。

11. ユニフォーム編

選挙のユニフォームといえば、夏場はTシャツ、冬場はブルゾンがお決まりです。最近では、夏場もTシャツでなく、少しコストを上げてポロシャツを着用している陣営も見かけます。Tシャツは、汗をかくとピッタリと肌に付きまとうことを女性スタッフが嫌うというのが、大抵の理由です。

また、夏場には日よけ用として帽子を着用している姿もチラホラと見受けます。ほとんどが野球帽型のキャップです。同じＰＲ用なら一工夫すべきと感じます。

帽子を使ったイメージ戦略の大成功例をご紹介します。以前、受け持った市長選ではカウボーイハットを使用し、一瞬で街中に知れ渡りました。また、他選挙では、冬場には寒さを凌ぐ目的と若い印象を与えるためニットキャップを使用し、特に若い層からの絶大な支持を獲得しました。たかが帽子と侮れません。

さて、これらユニフォームの公選法での基本的な考え方は、前頁ののぼりと同様です。しかし、のぼりはＰＲする媒体と判断されますが、ユニフォームは、まず衣類であることに大きな違いがあります。衣類である以上、無地の着用は可能です。ただし、名入り顔入りなどのものは、演説会場内でしか着用できません。

○ 公示前 (または告示前)

使用場所＼デザイン	無地	スローガン入 (氏名類推無)	名前入 (顔写真含む)
候補者の 事務所内		外部から見えな いことが条件	外部から見えな いことが条件
後援会の 事務所内		外部から見えな いことが条件	外部から見えな いことが条件
演説会場の 会場内		外部から見えな いことが条件	外部から見えな いことが条件
政治活動用 自動車内			■
駅頭やその他 街頭演説会周辺			■

○ 公示後 (または告示後)

使用場所＼デザイン	無地	スローガン入 (氏名類推無)	名前入 (顔写真含む)
選挙 事務所内		外部から見えな いことが条件	外部から見えな いことが条件
後援会の 事務所内		外部から見えな いことが条件	外部から見えな いことが条件
演説会場の 会場内		看板類と判断 されるなら可	看板類と判断 されるなら可
政治活動用 自動車内		▨	■
駅頭やその他 街頭演説会周辺		▨	■

- □ 適法といえる
- ▨ (薄grey) 脱法だが、警告を受けた事例は少ない
- ▨ (grey) 警告を受ける可能性あり
- ■ 完全な公職選挙法違反といえる

当局(管轄の選管および警察)の解釈や見解は、地域や担当者により大幅に異なります。上表は、過去の判例や警告の事例に、私どもの経験を加えたものです。決して推奨や保証をするものではありませんので、ご了承ください。

12. 桃太郎編

桃太郎といえば、候補者と一緒にのぼりを持った運動員とメガホンを持った運動員数名が「○○候補をよろしくお願いします」と声を出しながら練り歩くものです。選挙につきものと思われがちですが、桃太郎こそ選挙違反の最たるものなのです。

私に得意げに「うちの陣営の桃太郎は盛大ですよ。最低でも 20 人、多い時は 30 ～ 40 人前後でやりますから」と言われた後援会の支持者の方がいらっしゃいました。これは、最大で４つの違反を犯すことになります。

① 演説はその場で停止する必要がある
全員が声を出さず頭を下げる程度なら演説ではなく、単なる移動と見なされます

② 気勢を張る行為に当たる
太鼓を叩いたり、ラッパを吹いたり、大勢で大声をあげることも気勢を張る行為にあたります

③ 選挙運動員の人数制限を超える
選挙運動員の人数には制限がありませんが、街頭に出て投票依頼できる運動員は最大 15 名です

④ のぼり自体、厳密には違反です（のぼり編参照）

本文と関連する条項は「公職選挙法第 140 条（気勢を張る行為の禁止）」、「公職選挙法第 140 条の 2（連呼行為の禁止）、「公職選挙法第 164 条の 5（街頭演説）」をご参照ください。

○ 公示前（または告示前）選挙運動にわたらないことが条件です

実施場所 行動内容	幹線道路	商店街	住宅街
歩きながら声をだす			
大勢で声を出す			
16人以上のスタッフがいる			
のぼりを持っている（名無）			
総合的な判断			

○ 公示後（または告示後）

実施場所 行動内容	幹線道路	商店街	住宅街
歩きながら声をだす			
大勢で声を出す			
16人以上のスタッフがいる			
のぼりを持っている（名無）			
総合的な判断			

- 適法といえる
- 脱法だが、警告を受けた事例は少ない
- 警告を受ける可能性あり
- 完全な公職選挙法違反といえる

当局（管轄の選管および警察）の解釈や見解は、地域や担当者により大幅に異なります。上表は、過去の判例や警告の事例に、私どもの経験を加えたものです。決して推奨や保証をするものではありませんので、ご了承ください。

13. 自転車編

近頃の選挙では、自転車（しかもママチャリ）に乗る政治家（候補者）が目立ちます。

なかでも、名古屋の河村たかし市長のママチャリは有名です。ご自身の風貌や政策との一致という背景が存在しているため、とても有効な手段でした。ママチャリだけではなく、中日ドラゴンズの帽子を斜めにかぶり、その完璧なトータルコーディネイトは、イメージ戦略として100点をつけられます。

さて、公選法では、公示後（告示後）の自転車での選挙運動は、実際のところ認められていません。「自動車の使用については、何も制限がありませんので自由に使用できます」と記されているものもあるようですが、前章で説明しました「勝手な解釈」です。

しかし、移動手段としては認められています。候補者がたすきをつけたまま「移動」しても良いが、のぼりを付けたりできませんし、候補者の名前を連呼したり演説することは、移動手段ではないため認められません。したがって、自転車部隊（銀輪隊、チャリ部隊）などの選挙運動は、当然、違反行為にあたります。運動員も移動手段としては認められますが、目的が選挙であれば、前頁の桃太郎と変わりありません。

本文と関連する条項は「公職選挙法第 141 条（自動車、船舶及び拡声機の使用）」をご参照ください。

○ 公示前（または告示前）選挙運動にわたらないことが条件です

行動内容＼実施場所	幹線道路	商店街	住宅街
移動しながら声を出す			
大勢で声を出す			
候補者も声を出す			
のぼりを立てている（名無）			
総合的な判断			

○ 公示後（または告示後）

行動内容＼実施場所	幹線道路	商店街	住宅街
移動しながら声を出す			
大勢で声を出す			
候補者も声を出す			
のぼりを立てている（名無）			
総合的な判断			

- 適法といえる
- 脱法だが、警告を受けた事例は少ない
- 警告を受ける可能性あり
- 完全な公職選挙法違反といえる

当局（管轄の選管および警察）の解釈や見解は、地域や担当者により大幅に異なります。上表は、過去の判例や警告の事例に、私どもの経験を加えたものです。決して推奨や保証をするものではありませんので、ご了承ください。

14. 電話作戦編

「電話作戦こそ選挙の勝敗を左右する」といえるほどの効果は期待できませんが、かといって全く効果がないものでもありません。それだけに、そのさじ加減（かける相手）が難しいのが電話作戦になります。

公選法では、選挙運動員は投票依頼をすることが許されています。その手段として、「電話作戦」は個々にお願いする「戸別訪問」に該当しないため、可能とされています。しかし、あくまでも選挙運動員に限られますので、報酬を払う選挙事務員や労務者が行うと買収になり、このケースの逮捕者も後を絶ちません。

また、選挙運動期間に限られ、公示日（告示日）から投票日の前日の 24 時までとされています。投票日にも、投票依頼ではなく「○○選挙事務所です。投票は済まされましたか。という電話は構わない」と各陣営で行われているようですが、警告を受けた事例も少なくありませんので、こちらもご注意ください。

なお、電話作戦を選挙事務所以外で行うと選挙違反にあたるかというと、そうではありません。運動員の自宅など、選挙事務所以外から行うことも可能です。ただし、数人が集い組織的かつ継続的に行うことができるのは、選挙事務所に限定されます。

本文と関連する条項は「公職選挙法第 138 条（戸別訪問）」をご参照ください。

○ 公示前（または告示前）選挙運動にわたらないことが条件です

相手先＼作業場所	選挙事務所（予定地）	後援会事務所	支援者の自宅
関係者への連絡事項			
後援会名簿			
卒業名簿や組織団体名簿			
支持者が持参した名簿			
選挙区の電話帳			

○ 公示後（または告示後）

相手先＼作業場所	選挙事務所（予定地）	後援会事務所	支援者の自宅
関係者への連絡事項		組織的・継続的でないことが条件	組織的・継続的でないことが条件
後援会名簿		組織的・継続的でないことが条件	組織的・継続的でないことが条件
卒業名簿や組織団体名簿		組織的・継続的でないことが条件	組織的・継続的でないことが条件
支持者が持参した名簿		組織的・継続的でないことが条件	組織的・継続的でないことが条件
選挙区の電話帳		組織的・継続的でないことが条件	組織的・継続的でないことが条件

□ 適法といえる
□ 脱法だが、警告を受けた事例は少ない
□ 警告を受ける可能性あり
■ 完全な公職選挙法違反といえる

当局（管轄の選管および警察）の解釈や見解は、地域や担当者により大幅に異なります。上表は、過去の判例や警告の事例に、私どもの経験を加えたものです。決して推奨や保証をするものではありませんので、ご了承ください。

15. 演説会編

演説会は、地域や選挙の種類により「大集会」や「ミニ集会」など様々な名称がつけられています。大小にかかわらず、公選法で決められている公示後（告示後）の演説会の種類は以下の４通りです。

① 個人演説会
候補者個人が主催し、屋内で行う演説会
② 街頭演説
候補者個人が主催し、屋外で行う演説会
③ 政談演説会（衆院選のみ政党演説会）
政党を含む政治団体が主催し、屋内で行う演説会
④ 政談街頭演説（衆院選のみ政党街頭演説）
政党を含む政治団体が主催し、屋外で行う演説会
※告示後の政談演説会は確認団体の主催です

主催者が一致していれば、いずれも候補者本人が演説もしくは出席しなくてもよいことになります。また、候補者の声をテープに収録して流すことは可能ですが、映像を映すことは禁止されています。

なお、街頭演説の時間は、拡声器の有無にかかわらず、午前8時から午後 8 時までです。したがって、朝立ちと称し駅頭に立つ行為も公示後（告示後）は違反です。

本文と関連する条項は「公職選挙法第 162 条（個人演説会等における演説）」、「公職選挙法第 164 条の 5（街頭演説）」、「公職選挙法 第 164 条の 6（夜間の街頭演説の禁止等）」をご参照ください。

○ 公示前（または告示前）

デザイン／使用場所	午前8時迄	午前8時～午後8時迄	午後8時以降
個人演説会			
街頭演説			
政談（政党）演説会			
政談（政党）街頭演説			
その他演説会			

○ 公示後（または告示後）

デザイン／使用場所	午前8時迄	午前8時～午後8時迄	午後8時以降
駅立ち（拡声器なし）			
個人演説会			
街頭演説			
政談（政党）演説会			
政談（政党）街頭演説			

- 適法といえる
- 脱法だが、警告を受けた事例は少ない
- 警告を受ける可能性あり
- 完全な公職選挙法違反といえる

当局（管轄の選管および警察）の解釈や見解は、地域や担当者により大幅に異なります。上表は、過去の判例や警告の事例に、私どもの経験を加えたものです。決して推奨や保証をするものではありませんので、ご了承ください。

16. 利益供与編

特に気をつけなければならないのは、選挙運動員に対する買収です。「選挙事務員や労務者として報酬を払い、アルバイトで雇っているにもかかわらず、気づかないうちに、内部の担当者が選挙運動に従事させてしまった」。このケースを「見なし選挙運動員」といわれ、運動員買収の罪に問われます。選挙違反にはこれに似たケースが最も多く、毎回、総選挙や統一地方選挙の直後に逮捕者が続出しています。

次に、有権者に対して買収になる境界線を、実際の事例でご紹介します。

公示前（告示前）に候補者本人が政治活動を行っている 10 分程度のビデオを編集しました。公示後（告示後）に映像を流すことは禁止されているものの、公示前（告示前）の後援会の集会では放映の規制がありません。そして、参加者の皆様に、その動画のＤＶＤを配布しましたが、これにも問題はありません。「再利用できないＤＶＤ-Ｒ」であることが「利益供与にあたらない」という根拠です。問題は、そのＤＶＤのケースにあります。例えば、再利用できるプラスチックケースならば、たとえ 10 円でも利益供与になります。そこで、紙製の再利用できないケースにしたのです。

本文と関連する条項は「公職選挙法第 221 条（買収及び利害誘導罪）」をご参照ください。

○ 公示前（または告示前）

提供品＼場所	選挙事務所（予定地）	演説会等の会場	その他の場所
政治団体のステッカー			
コーヒー紅茶			
サンドイッチドーナツなど			
弁当又は丼の実費提供			
弁当又は丼の無償提供			

○ 公示後（または告示後）

提供品＼場所	選挙事務所	演説会等の会場	その他の場所
政治団体のステッカー			
コーヒー紅茶			
サンドイッチドーナツなど			
弁当又は丼の実費提供			
弁当又は丼の無償提供	選挙運動員の規定範囲除く		

- □ 適法といえる
- □ 脱法だが、警告を受けた事例は少ない
- □ 警告を受ける可能性あり
- ■ 完全な公職選挙法違反といえる

当局（管轄の選管および警察）の解釈や見解は、地域や担当者により大幅に異なります。上表は、過去の判例や警告の事例に、私どもの経験を加えたものです。決して推奨や保証をするものではありませんので、ご了承ください。

17. 行事案内編

決起集会、選挙事務所開き、出陣式の案内について触れてみます。

まず、公示前（告示前）の決起集会は「何に決起するのか」ということで、名称に問題があります。参加対象者が後援会メンバーであれば「○○後援会大集会」などにするのが適しています。

次に、選挙事務所は公示日（告示日）にしか開設できないもの（選挙事務所の看板を公開する時）で、出陣式は選挙事務所開きの行事ということになります。実際には、事前に「事務所開き」をし、公示日（告示日）に出陣式をするケースが最も多いようです。したがって、選挙事務所ではなく「選挙事務所の予定事務所の開設」が正しい表現ですが、案内には、簡潔に「事務所開設のお知らせ」と記すのが最も的を射ています。

また、「選挙事務所開きと記さずに事務所開きと記すと、何の事務所かわからないので構わない」という意見は、今までの説明同様、特に意味がありません。公選法では、前述の案内を関係者に限って送付するならば、選挙運動の準備行為であり選挙運動にはあたらないが、不特定多数に案内することや差し出す相手の数の判断で、事前選挙運動にあたるとされています。

本文と関連する条項は「公職選挙法第 129 条（選挙運動の期間）」、「公職選挙法第 142 条（文書図画の頒布）」をご参照ください。

○ 関係者への案内

案内法＼集会名	後援会大集会（決起集会）	事務所開設（事務所開き）	選挙事務所開き（行事：出陣式）
電話やFAX			
はがきや封書			
電子メールやSNSなど			
ビラや機関紙誌			
政治活動用自動車の拡声器			

○ 不特定多数への案内

案内法＼集会名	後援会大集会（決起集会）	事務所開設（事務所開き）	選挙事務所開き（行事：出陣式）
電話やFAX			
はがきや封書			
電子メールやSNSなど			
ビラや機関紙誌			
政治活動用自動車の拡声器			

- 適法といえる
- 脱法だが、警告を受けた事例は少ない
- 警告を受ける可能性あり
- 完全な公職選挙法違反といえる

当局（管轄の選管および警察）の解釈や見解は、地域や担当者により大幅に異なります。上表は、過去の判例や警告の事例に、私どもの経験を加えたものです。決して推奨や保証をするものではありませんので、ご了承ください。

18. 選挙スタッフ編

選挙スタッフは、選挙運動員、選挙事務員、労務者と３種類に分かれます。ここでは、役割の分類と報酬について説明します。

① 選挙運動員

直接有権者に支持を訴える人はもちろん、選挙事務所の幹部や責任者もこれにあたります。人数制限はありませんが、街頭のみ人数制限があります。例外として、事前に届出をすれば車上運動員（ウグイス嬢）と手話通訳にのみ報酬を払えます。

② 選挙事務員

選挙事務所内で事務作業に従事する人です。決定権を持たず事務的なサポートをする担当者で、選挙運動に関われません。事前に届出をすれば報酬を払えます。

③ 労務者

単純労務をする人です。お茶くみや電話の取次ぎ、ポスターやビラの証紙貼り、演説会の設営や撤収作業などです。事前に届出なしで報酬を払えます。気をつけて欲しいことは、運転手に報酬を出している場合、選挙運動に関わることはできません。

本文と関連する条項は「公職選挙法第 197 条の 2（実費弁償及び報酬の額）」をご参照ください。

〇 選挙運動の内容

スタッフ / 作業内容	屋内での選挙運動	街頭での選挙運動	車上での選挙運動
選挙運動員（ウグイス・手話）		腕章要	腕章要
選挙運動員（車上運動員）		腕章要	腕章要
選挙運動員（一般運動員）		腕章要	■
選挙事務員	■	■	■
労務者	■	■	■

〇 届出と報酬

スタッフ / 作業内容	報酬の支払	事前の届出
選挙運動員（ウグイス・手話）		必要
選挙運動員（車上運動員）	■	不要
選挙運動員（一般運動員）	■	不要
選挙事務員		必要
労務者		不要

- □ 適法といえる
- ▒ 脱法だが、警告を受けた事例は少ない
- ▓ 警告を受ける可能性あり
- ■ 完全な公職選挙法違反といえる

当局（管轄の選管および警察）の解釈や見解は、地域や担当者により大幅に異なります。上表は、過去の判例や警告の事例に、私どもの経験を加えたものです。決して推奨や保証をするものではありませんので、ご了承ください。

19. 選挙運動禁止編

公務員の選挙運動についての質問をよくお受けしますので、選挙運動の禁止者をわかりやすく説明します。

まず、絶対にできないのは、特定公務員（選管職員、裁判官、検察官、警察官ほか）で、その他の公務員と教職員については、公選法上では地位利用による選挙運動の禁止が定められているものの、地位を利用しなければ問題ないということになります。

しかし、公務員は、一般職と特別職に分かれ、一般職の大半は地方公務員法の服務規則で禁止されており、勤務地の選挙には一切関われないことになります。特別職（民生委員、消防団員、保護司など）は、地方自治体により扱いが異なりますので、任命権者の確認が必要になります。確認の結果、選挙運動が可能であれば、地位を利用することができないお手伝いをしていただくのが安全策だと考えます。例えば、「演説会の会場設営」や「弁士の運転手」などは地位の利用をすることができないとはいえ、「演説会の会場の確保」や「弁士の手配」となると、実態はどうであれ、誤解を招く恐れがあると考えます。

他には、未成年者、選挙権及び被選挙権を有しない者が選挙運動はできません。

本文と関連する条項は「公職選挙法第 136 条（特定公務員の選挙運動の禁止）」、「公職選挙法第 136 条の 2(公務員等の地位利用による選挙運動の禁止)」、「公職選挙法第 137 条の 2(未成年者の選挙運動の禁止)など」をご参照ください。

○ 選挙運動

職種ほか＼状況	選挙区内 地位利用有	選挙区内 地位利用無	選挙区外
公務員 特別職	■	任命権者の確認要	任命権者の確認要
公務員 一般職	■	公務員法の確認要	公務員法の確認要
特定 公務員	■	■	■
未成年 20歳未満	■	■	■
選挙権を 有しない者	■	■	■

○ 選挙運動以外の労務

職種ほか＼状況	選挙区内 地位利用有	選挙区内 地位利用無	選挙区外
公務員 特別職	■	任命権者の確認要	任命権者の確認要
公務員 一般職	■	公務員法の確認要	公務員法の確認要
特定 公務員	■	公務員法の確認要	公務員法の確認要
未成年 20歳未満	■		
選挙権を 有しない者	■	外国人は入管法の確認要	外国人は入管法の確認要

- □ 適法といえる
- ▨ 脱法だが、警告を受けた事例は少ない
- ▩ 警告を受ける可能性あり
- ■ 完全な公職選挙法違反といえる

当局（管轄の選管および警察）の解釈や見解は、地域や担当者により大幅に異なります。上表は、過去の判例や警告の事例に、私どもの経験を加えたものです。決して推奨や保証をするものではありませんので、ご了承ください。

20. 慶弔編

結婚式や葬儀への祝儀や香典などに関しての規則は、公示前（告示前）、公示後（告示後）で変わることはありません。

公選法では、端的には「公職の候補者等の寄附の禁止」とされ、政治家はその選挙区内にある者に対し、いかなる名義をもってするかを問わず寄付することを原則として禁じられているとあります。つまり、祝儀や香典は寄付、すなわち、利益供与にあたるという解釈です。その理屈から、結婚式の祝電や葬式の弔電は許されています。

また、結婚式と葬儀の双方のルールはほぼ同一ですが、ごく一部解釈が異なる部分もあります。その違いを以下に記します。

① 結婚式の祝儀……本人の当日参列なら可
② 葬式の香典………本人の当日参列か弔問なら可
③ 結婚式の品物……祝儀は現金とは限らないので常識の判断で見合うものは可
④ 葬式の供花………香典のみ（現金以外は不可）

なお、親族の慶弔は例外とされます。ただし、その範囲は６親等以内の血族および３親等以内の姻族です。

本文と関連する条項は「公職選挙法第 199 条の 2（公職の候補者等の寄附の禁止）」、「公職選挙法第 199 条の 5（後援団体に関する寄附等の禁止」、「公職選挙法第 249 条の 2（公職の候補者等の寄附の制限違反）」をご参照ください。

○ 結婚式

参列者／寄贈品目	候補者本人（当日出席）	候補者代理 妻、秘書	候補者の後援団体
祝電 選挙区内の親族			
祝儀 選挙区内の親族			
祝電 選挙区内の支持者			
祝儀 選挙区内の支持者			
現金以外の物品 選挙区内の支持者			

○ 葬儀

参列者／寄贈品目	候補者本人（本人弔問）	候補者代理 妻、秘書	候補者の後援団体
弔電 選挙区内の親族			
香典 選挙区内の親族			
弔電 選挙区内の支持者			
香典 選挙区内の支持者			
供花・供え物 選挙区内の支持者			

- 適法といえる
- 脱法だが、警告を受けた事例は少ない
- 警告を受ける可能性あり
- 完全な公職選挙法違反といえる

当局（管轄の選管および警察）の解釈や見解は、地域や担当者により大幅に異なります。上表は、過去の判例や警告の事例に、私どもの経験を加えたものです。決して推奨や保証をするものではありませんので、ご了承ください。

第5章

ネット選挙の具体的戦略

ネット選挙の具体的戦略

1. ＩＴ三種の神器

今や政治家のホームページは、動画配信が「当たり前」。ブログ、ツイッターやフェイスブックなどのＳＮＳの連動も標準装備。しかし、数年前に誰がこの「当たり前」を想像できたでしょうか。

私がネット通販を始めた 2003 年頃から言われていた言葉があります。それが「これからのＩＴ社会に付いていくには３つのことを始めなさい」でした。

① ホームページ
② ブログ
③ メールマガジン

日進月歩で多種多様なコンテンツが現れては消え、消えては現れるなか、10 年を経た今でも一度も廃ることがなかった、正にＩＴ三種の神器です。

まず、ブログを取り上げてみます。政治家のブログで気になることは、コメントができない設定にされているケースが多いことです。本来ブログの醍醐味は、コメントにあるといっても過言ではありません。

「誹謗中傷を気にするぐらいなら、ブログを書く資格はない」と厳しい意見を言ったブロガーがおりました。 当時、私の会社ではブログのポータルサイトを運営しており、芸能人や文化人、ブロガーとして有名な読者モデルなどが書くゲストブログコーナーを特設していました。先ほどの厳しい言葉を発した彼女の当時のアクセス数は 1 日 10,000 アクセスを切ることがなく、日本ランキング 50 位以内という凄腕のブロガーでした。

誹謗中傷を受けることは、有名な証拠なのです。

2. ホームページは安価

ネット選挙解禁の大きな目的は、選挙のコストを下げること、若者に政治への興味を持ってもらい投票率を上げること、この2点が大きな狙いです。

確かに、今までの選挙で使用してきたビラなどの紙媒体と比べれば、比較にならないくらいホームページの制作料は安価といえます。

仮に10万所帯の選挙区でビラを全戸配布するとなれば、紙面のサイズや頒布方法により多少の違いがあるものの、100万円近い試算が成り立ちます。しかも1回限りではなく、多い候補者では全戸配布を4～5回される例も稀ではありません。

さて、ホームページはどうでしょうか。ビラの特性と比較して読んでみてください。

① 一度つくれば半永久的
② サイズやコンテンツの量は無制限
③ 毎日更新でき手直しもきく
④ 何人の人が何回閲覧しても良い
⑤ イニシャルコストはビラ1回の半分以下
　ランニングコストも月に5,000円以下

また、ビラの集客率は、物販を例にすると、業種により異なり、宝飾品など最も低い例で 0.3%、食料品スーパーなど最も高い例で 5.0%といわれています。

今までも「ホームページなんか 1 票にもならない。観ている人なんかごく少数だ」といった意見を何度となく耳にしてきました。この言葉には、何の根拠もありません。ホームページは、この「集客率」がアクセス解析という手法で明確にわかるのです。

3. メールが選挙を制す

メールを利用することにより、コストダウンの他に速度というメリットがあります。急に決まった集会や会合でも即時に案内することが可能になるということが利点です。もちろん電話でも可能でしょうが、数百軒に電話となるとそれなりの時間や労力も掛かりますし、留守ならば手を打つ術がありません。

選挙中にはつきものの「大物の応援弁士の来訪が急遽決定したので、後援会メンバーに警備と動員を依頼したい」場合は、日時や場所をしっかり伝える必要があるため、電話よりＦＡＸやメールが向いています。

さらに、ＦＡＸでは確実に目を通した方が何人いるか判明しませんが、メールには開封確認機能も備わっています。例えば、10時に500人へ送信したメールが、15時には300人が閲覧したという人数がわかるので、動員数もある程度読めるということになります。

他には、ＭＬ（メーリングリスト）の利用も有効です。ＭＬとは、グループ内で情報交換をするためのメールの利用方法で、参加者全員を特定のメールアドレスに登録することにより、そのアドレスに届いたメールを参加者全員に送付するシステムです。選挙をお手伝いするスタッフ全員を登録しておくことで、例えば、掲示場ポスター貼りも現場で待機でき、どこの陣営よりも早く貼り出すことが可能です。

　また、相手候補の街頭演説や選挙自動車を目撃した際の情報交換にも役立ち、陣営のモチベーションを高めるツールにもなります。

　使用目的に合わせ、電話、ＦＡＸ、メール、はがきや封書の通信方法を使いわける必要があります。

4. 電作の運動員はメルマガ運動員に変わる

メールマガジンが、本当に選挙運動に活かせるか。疑問を持たれるかも知れません。世間でブログやＳＮＳが流行るかなり前から、ネット通販会社や一般企業ではメールマガジンを当たり前に送信していました。しかし、過去も現在も、メールマガジンを活用している政治家は、ほんの一握りという状況です。

最大のメリットはコストダウンであり、はがきや封書を後援会の会報として送付する場合と比較にならないほど費用がかかりません。さらに、費用のみに限らず手間というコストも削減できます。大手企業では、メルマガを活用しはじめてから売上を伸ばし、販促コストを半分以下にした事例も多くあります。

すべての郵送物を否定はしませんが、年に 3 回の会報を出しているなら２回に減らし、毎月１回のメルマガを出すほうが、効率的でコストダウンになります。

今や携帯電話もガラパゴス携帯※からスマートフォンに代わりメールもサクサク読める時代だというのに、始められない理由には、幾つかの障害があるようです。

① メールアドレスの集め方

② メールアドレスの管理法

※ガラパゴス携帯とは、ガラパゴス化した携帯電話という意味で、日本独自の市場で特殊な多機能化が進んだ携帯電話を指します。独自の進化を遂げたガラパゴス諸島の生物になぞらえたもので、ガラケーと略すこともあります。

③　メールアドレスのセグメント法※
④　メールマガジンの書き方
⑤　メールの大量配信法

以前経営していたＩＴ関連の会社では、Yahoo! や楽天から毎年のようにメルマガ大賞をいただいていました。その経験とノウハウを、ネット選挙解禁にあわせ、政治活動と選挙運動に置き換える準備をしています。

※セグメント【segment】とは、データを分割することです。選挙においては地域や性別・年齢、支持者のランクなどに分けることを指します。

5. 日本人は熱しやすく冷めやすい

ＩＴの世界は日進月歩と前項でも申し上げましたが、ホームページも同様です。見かけも 10 年でずいぶん変わりましたが、中身も進歩しています。

数年前に登場したのがＣＭＳ※で、身近なものでは、MovableType（ムーバブル・タイプ）や WordPress（ワードプレス）があります。ブログのように更新が簡単にでき、利用者の多いシステムです。素人にも更新しやすいことから、政治家のサイトでもしばしばお目にかかります。しかし、素人には敷居の高い構築システムのため、一時期より利用者が減少したようです。

ＳＮＳの移り変わりも著しく、mixi（ミクシィ）からTwitter（ツイッター）、Facebook（フェイスブック）、LINE（ライン）などが主流になりました。すでに 2007 年には政治家のポスターに某ＳＮＳのロゴを掲載していましたが、今ではそのロゴもずいぶん古い感じがします。

現在、政治家の間では Facebook がブームになっています。先日も、招待機能を利用した「国政報告会の案内」が送られてきました。確かに新しい方法で感心するところですが、デメリットも隠されています。「参加する・未定・参加しない」の３択、コメントも追加

※ＣＭＳ【Content Management System】（コンテンツマネージメントシステム）とは、Web コンテンツを構成するテキストや画像などのデジタルコンテンツを統合・体系的に管理し配信するなど必要な処理を行うシステムの総称です。

できる機能で、他の人からの返事が見えてしまうことです。欠席が多いと、参加予定者までやめておこうという気になるものです。すなわち欠席の連鎖です。

人を集めないといけない「集会」や「政治資金パーティ」は、きちんとしたはがきや封書である程度の人数を集め、そのうえで足らない分の動員を促す方法としては、この方法も捨てたものではありません。

6. 政治家のサイトにＳＥＯはいらない

ＳＥＯ(サーチ検索エンジン最適化) という言葉を耳にしたことがあると思います。簡単に解説しますと、検索結果の上位に表示されるようにサイト設計をする手法です。

例えば、出張先でワインが飲みたくなり、イタリアンレストランを探そうとすれば「ぐるなび」や「食べログ」などの飲食のポータルサイトにアクセスし、地域から探すか、食べ物のカテゴリから探す。あるいは、検索エンジンで「〇〇市 イタリアン」と検索すると思います。

前者への掲載には広告料が必要です。月々 10,000 円の広告もありますが、通常なら月々 50,000 円の広告料を払わなければなりません。

後者の場合は、数あるレストランの中から最も上位に表示されることが有利ですが、競合の同業者も同じ気持ちです。その際に必要になるのがＳＥＯ対策です。

しかし、政治家を検索する際、通常の方ならどうするでしょう。間違いなく「フルネーム」を入力するはずです。したがって、同姓同名の有名人がいない限り、ＳＥＯ対策は不要なのです。

また、ＳＥＯ対策に適したサイト制作には多種多様

検索エンジンで目的通りの検索結果が表示された場合、最上位は 98%のクリック率、2〜3 位で 70%前後、4〜10 位で 30%前後といわれています。11 位（2 ページ目）以降は、10%未満になります。

の構築方法がありますが、すべて不要とお考えください。政治家のサイトは「きれい」「見やすい」「更新しやすい」の３点で十分です。

今回のネット選挙解禁を皮切りにＳＥＯ対策業者からの案内が一斉に始まることが予測できますが、すごい額を吹っ掛けるか、料金だけとり何もしない、といった悪徳業者も少なくありませんので、ご注意ください。

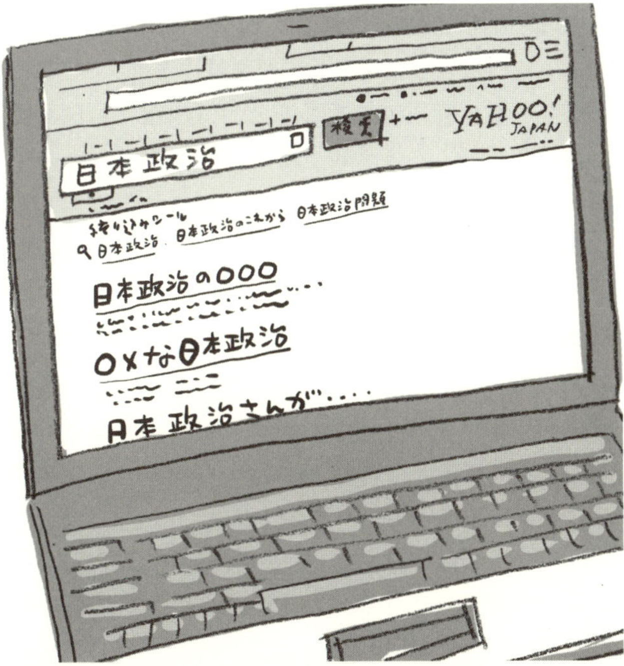

7．10倍のアクセス数を叶えるＨＰ誘導術

前項で述べました通り、政治家のホームページには基本的にはＳＥＯ対策が不要といえますが、逆にＳＥＯ対策が必要とされる情報サイトや商用サイトとは、比較にならないぐらいアクセスが少数です。

インターネットは「わからないことを知る」「ものを探す、買う」「コミュニケーションを図る」といった目的以外の利用は極めて少なく、利用者がその情報を必要としていないところに弱点があります。

すなわち、候補者の氏名を入力し検索すれば、すぐに目的のホームページにたどり着くものの、その以前の行動、検索をする動機でつまずいてしまうのです。

自社で制作した政治家サイトのアクセス結果を取り上げましても、選挙運動期間中の総アクセス数よりも、投開票日当日か翌日のたった１日のアクセス数のほうが圧倒的に多いのが実情です。有権者は、候補者の政治活動（選挙運動）の活動報告や掲げる政策（公約）を知ることよりも、当落を知ることのほうに興味があるといったことの現れです。

しかし、それでは見てほしい時にアクセスしてもらえず意味がありません。ネット選挙が解禁されたからといえど、この傾向が大きく変わる保証もありません。

そこで、実際に行い、ホームページへのアクセスを10倍以上にした誘導法を紹介します。

元々は、捨てられず読んでもらえるビラを考えようと、主人公を候補者に見立てた、政治マンガのビラを制作しました。思った以上の反響を得、続編をつくり、最後には「つづく」とし、ホームページのアドレスとＱＲコードを掲載したのです。後は想像通りです。

8．ホームページは古いほうが良い

ネット上で検索をした結果で、こんな現象に気付いたことは無いでしょうか？

たとえば、レストランを探そうとして「○○○○」と検索し、一番上に表示されたアドレスにアクセスすると、目的の店ではなく、まったく見知らぬ同名の店であった。物凄くダサイ「ホームページ」で、10 年前に素人がつくったようなページであった。しかし、自分が探しているレストランのほうは、比べ物にならないセンスの良さと充実した内容の「ホームページ」なのに、表示順位は、最初に間違ってアクセスした店より下位である。

この現象はドメイン年齢の仕業かもしれません。ドメイン年齢とは、ドメインを取得してからの経年という要素であり、特別な技術や前項で紹介したＳＥＯ対策の設計をしなくても上位表示する要因になるのです。

そういった意味でも、ＩＴ戦略もある一定の時間をかけて育てる必要があるのかもしれません。

例えば、実店舗での物販や飲食店では、老舗や有名店のチェーン店でもない限り、開店当初からお客様が定着しているケースはほとんどありません。全くのゼロから始め、宣伝や口コミで「石の上にも 3 年」といった努力を積み重ね、一見客を顧客に育てていきます。

ネット上も同じことがいえ、いくら政治家でも、頻繁にメディアに露出していない限り、出来立てのサイトは、ゼロからのスタートと考えてちょうど良いくらいです。

すでに、オープンしている方に軍配が上がるということです。

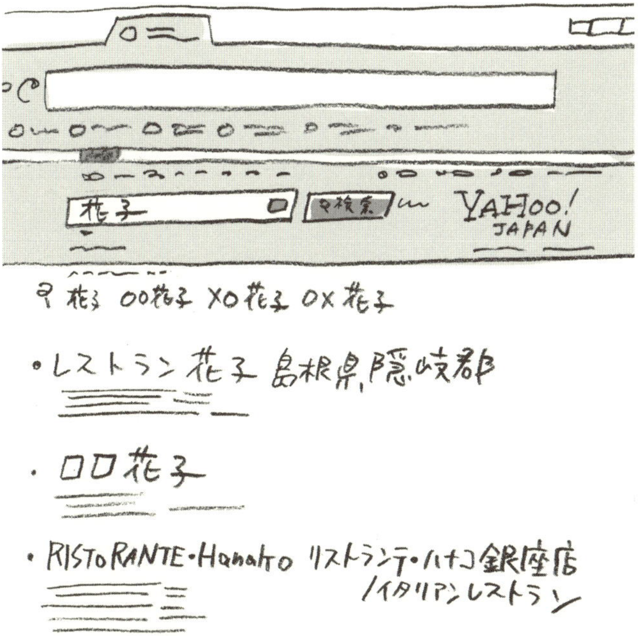

9．政治家のサイト保有率は37％

約 1 年前、政治家を対象にサイト保有率を調査しました。全件ではありませんので、おおよその率です。全国の政治家数（首長・議員）に保有率を掛け合わせば、ホームページ保有者の概数が読み取れます。

① 国会議員……722名×保有率約93%＝671名
② 知事…………47名×保有率約72%＝34名
③ 都道府県議‥2,708名×保有率約75%＝2,031名
④ 政令市長……20名×保有率約75%＝15名
⑤ 政令市議……1,208名×保有率約80%＝966名
⑥ 一般市長……761名×保有率約60%＝456名
⑦ 一般市議……19,222名×保有率約40%＝7,689名
⑧ 特別区長……23名×保有率約60%＝14名
⑨ 特別区議……887名×保有率約85%＝754名
⑩ 町村長………986名×保有率約30%＝296名
⑪ 町村議………12,884名×保有率約15%＝1,933名
合計……39,468名×保有率約37.65%＝14,859名

思った以上にホームページ保有率は低い結果でした。サイトはあるが、プロが制作したであろうものと、はっきりそうでは無いものに分かれ、さらにはポータルサイトが運営するブログがそのまま使用されている例

なども多く、千差万別といったところです。

国会議員のサイトは、もちろん、半数以上がそれなりに仕上がっています。しかし、本当に良いサイトと呼べるのは、デザイン性や構築技術のみならず、まめに更新し、活きたサイトといえるかどうかが重要です。いよいよネット選挙解禁。サイトを放置したままだと、ないほうが良いという結果にもなり兼ねません。

10. 国会議員のホームページ平均点は 67 点

2011 年末頃、衆院解散は年が明け 3・6・9 月のいずれかといわれていました。結局は 2012 年 12 月になりましたが、解散が噂された 2011 年 12 月に、私どもの Web 担当者数名が約 1 ヶ月を費やして、当時の現職衆議院議員と支部長を対象に述べ 248 人のサイトを独自の採点形式で調査いたしました。点数の低い議員や支部長にリニューアルの案内を出すという営業目的と、点数の高いサイトを分析してさらに良質なサービスを提供するために取り組んだものです。

以下は、弊社独自の採点項目です。

① サイズ……………………ワイドサイズの的確性
② デザイン…………………全体的なデザインセンス
③ レイアウト………………カラムや画像の配置等
④ 色調・文字………………色や文字の使い方
⑤ ナビゲーション…………ユーザビリティの考慮
⑥ 双方向性…………………閲覧者の問い合わせし易さ
⑦ コンテンツ………………メニューの中身の充実度
⑧ 動画の活用………………動画の利用度
⑨ 外部との連携……………ブログやＳＮＳとの連携度
⑩ 更新容易度………………更新システムの難度

10 項目、各 10 点で合計 100 点になる仕組みです。すべてを感覚で決めるのではなく、それぞれに採点基準を設けています。その基準に則って数名が個別に採点し、その平均値を最終結果とするといった念の入れようです。

結果は、基準値の 70 点以上が 147 名、70 点以下が 101 名、平均点は 67 点でした。

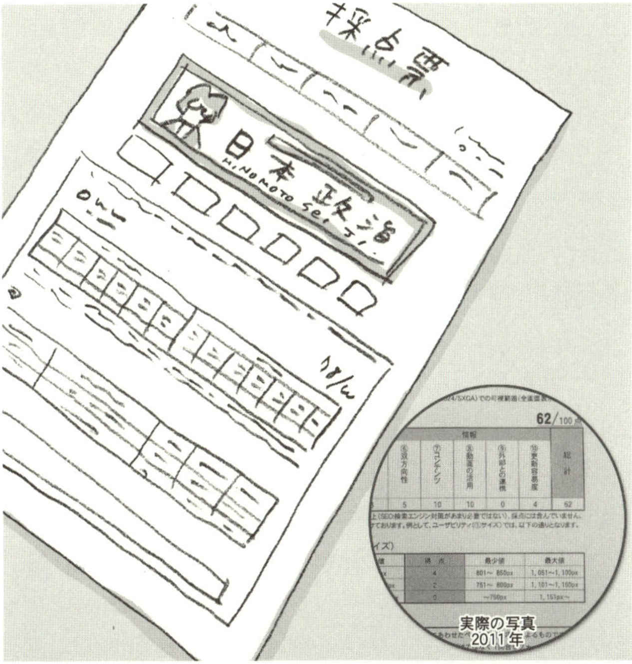

11. サイト制作の基本はパクリ

サイト制作をするためには、少なくとも以下の内容を決めてから、設計図を作成します。

① 内部コンテンツ……メニュー
② 外部コンテンツ……ブログ、SNS、その他のリンク
③ 色調…………………カラーリング
④ デザイン……………カラム位置や全体のイメージ
⑤ サイズ………………ワイド

例えば、初めてビラを制作する場合、すぐに何十というサンプルは手に入りません。コンテンツは業界により違うものの、Web という媒体は情報が収集しやすく、パソコン 1 台で同じ業界のサンプルがいくつでも手に入ります。しかし、反面、真似されやすいという特性があります。ネット通販会社を経営していた頃は、いくら新しいことを試みても、1 週間後には他社に真似されている状況で、まさに「いたちごっこ」でした。

また、サイズ（ワイド）を決めるには「真似」が不可欠になり、私はそれを哲学ともいっています。

全国で 500 店舗以上を展開する「オリジン弁当」は、新規店舗を出す際、必ずコンビニの近くに出店するそうです。コンビニ各社は高額な費用をかけて市場調査

をし、採算性が合う店舗のみ出店するため、「コンビニでは弁当も看板商品のひとつという理由から、その近くでは弁当は売れる」と踏んでいるとのことです。

サイトのサイズもまったく同じことがいえ、Yahoo!、楽天などが莫大な費用をかけてユーザー環境や様々なケースを想定し、最も相応しいサイズを決めています。

すなわち、ネット上に正解があるのです。

2013年3月現在、Yahoo! JAPAN、楽天市場、共にワイド950px（ピクセル）です。

12. ドメインは姓名+．ｊｐ

ドメインとは、.co.jp や .com に代表されるホームページやメールの最後に付与される文字列のことです。

ここでは、政治家に相応しいドメインを、「日本政治(ひのもとせいじ)」さんを例に考えていきます。

.jp が最も適切で、2 番目は .org です。.com は商用なので避けるべきであり、それ以外にも、.net はネットビジネス用というように、ドメインにはそれぞれに意味がありますので、同じく避けるべきでしょう。

① 姓のみ「hinomoto.jp」…………他者が取得済
② 名のみ「seiji.jp」…………………他者が取得済
③ 姓と名「hinomotoseiji.jp」….空いている
④ 名と姓「seijihinomoto.jp」….空いている

できれば③と④の両方を取得することがお勧めです。いずれか未使用のドメインを入力しても正しいほうに転送させることが可能で、さらに、同姓同名の方に取得されないための押さえにもなります。

この場合、③の姓と名「hinomotoseiji.jp」をメインで使用し、④の名と姓「seijihinomoto.jp」をサブとします。理由は、中国人が英名表記する際、姓を先にすることにポリシーを感じて表記したことが発端となり、

．ｊｐ……japan の略で日本対象(対象は基本的に日本国内)
．ｏｒｇ…organization の略で非営利団体対象(米国発祥のワールドドメイン)
．ｃｏｍ…commercial の略で商業用対象(米国発祥のワールドドメイン)

やがて日本でも 2000 年の国語審議会での「国際社会に対する日本語の在り方」についての答申などを経て、今では教育現場などで姓と名という表記を指導されるようになったためです。日本語と同じく姓と名の順番で表記しますので、覚えやすくなります。

また、ドメイン内に「−(ハイフン)」「＿(アンダーバー)」などを入れるのはもってのほかでしょう。

13. ＱＲコードは消える

私が選挙に「ＱＲコード」を用い始めたのは、2007年４月の統一地方選挙からでした。選挙や政治活動で使用した例は、おそらく日本で最初だったと思います。その後、2009年の衆院選の頃より誰も彼もが使い始めましたが、当時は画期的なものでした。

政治活動では、名刺、政治活動用ポスター、政治団体のビラなどに掲載し、選挙運動では、ポスター、ローカルマニフェスト（首選で初めて利用可能になった年）、看板類、確認団体ポスター、確認団体ビラなど、掲載可能な全ての媒体にＱＲコードを入れることを徹底しました。それには、２つの理由がありました。

１つ目の理由は、まずはアクセスをしてもらうこと。当時はスマートフォンもなく、ガラパゴス携帯のみという環境で、通勤電車の中は昔のように新聞を広げていられるスペースがないほど混み合い、乗客の姿は携帯電話を持つ姿へと代わっていました。少なくとも、２人に１人は携帯電話を触っていました。

駅頭では昔も今もビラを撒くという光景は変わりませんが、電車の中では「常に満員のため、乗客は新聞同様にビラも広げることができない」ということに気付き、携帯サイトでビラの内容を見てもらう仕組みを考えたのでした。

もう 1 つの理由は、相手候補が高齢のため、目新しさで若さをアピールすることでした。若い候補者が「ＩＴにもついていっている、新しいことができる候補者」だと思われるイメージ戦略の一環です。

今では、スマートフォンでの検索が容易になり、数年で、ＱＲコードは無用の長物になるかもしれません。

14. バナー広告は地域ポータルで

ネット選挙解禁では「バナー広告※」に関しても話題になっています。政党や確認団体のホームページに誘導する有料のバナー広告が解禁されるようですが、個人向けの解禁はされないようです。ネット選挙解禁が、大枚を使わずとも選挙に立候補できるようにすることが目的であれば、それもそのはずかもしれません。

確かに、バナー広告料は半端な額ではありません。例えば、最も高額と言われているYahoo!のトップページ右上のバナー広告料は1週間 1,250 万円〜で、しかもページローテーション型といって、毎回表示されるものではなく観るタイミングで次々に変わる広告です。

ネット通販会社経営時の一番の経費は、人件費を除けば広告費で、多い月には 1,000 万円ほど要していました。しかし、同じ広告料を支払い、同じ商品を掲載し、同じサイトの同じ位置で同じ回数表示されても、クリックされる可能性は、最大のバナーを100回としますと、最小のものは1回を切り、100 倍以上の差がでてしまいます。これがネットの世界です。すなわち、クリックされるバナーをつくる知識がいるのです。

さて、原則として「選挙運動を目的としたバナー広告」掲載は禁止されていますが、政治活動中であれば、今

※バナー広告とは、インターネット広告の一種で、ホームページに広告の画像を貼り、広告主のホームページにリンクする広告媒体です。

までと同様「直接的に選挙運動にわたらない」のであれば掲載に問題はありません。実際、2007年の統一地方選挙候補者の政治活動中にはバナー広告を活用しました。莫大な費用を掛けなくても、選挙区に因んだ「地域ポータルサイト」があるはずです。

選挙運動用の新聞広告料程度※でバナー広告が利用できるはずです。

※選挙の種類により（衆院選、参院選、知事選）の新聞広告は無料枠があります。

15. 政治団体のＵＲＬは候補者名を類推しない

「ＵＲＬ※：インターネット上の情報資源の場所を指定する記述方式」というと分かり難いと思いますが、ホームページアドレス（http:// hinomotoseiji.jp など）と呼んでいるものといえば、ピンとくると思います。

個人のＵＲＬを掲載する場合は、氏名を類推させるという理由から、前述しましたドメインの場合（日本政治の「hinomotoseiji.jp」）は、選挙運動用に許されるツール、例えば、公営掲示場ポスターや看板類等、公選法で氏名を掲載しても良いとされているものに限られます。

ネット選挙が解禁されてもこの理屈は同じで、変化といえば、このＵＲＬ表記を今まで以上に目立つようにするポスターや看板が増えることでしょうか。

しかし、前章で紹介しました確認団体制度を利用した首選では、確認団体のポスターやビラに本人名のＵＲＬを掲載することはできません。そこで、前項で触れたバナー広告を活用します。まず､ＵＲＬを政治団体名（本人の氏名と一切関わりがない名称）で取得し、政治団体用のホームページを制作する必要があります。そのホームページ内のどこかに候補者のホームページに飛ぶバナーを掲載すれば、公選法上の問題もありま

※ＵＲＬ【uniform resource locator】(ユーアールエル)とは、インターネット上の情報資源の場所を指定する記述方式を指し、情報資源の種類や提供するサーバーの識別名、ファイルの所在を指定するパス名などで構成されます。

せん。

この点は、ネット選挙解禁前も解禁後も変わりありませんので、2007年以降、私はこの手法を活用しています。

ネット選挙解禁で唯一変わろうとしていることは、選挙中に確認団体のバナー広告が許されること、候補者のホームページが更新できることにあります。

16. 2009年は「検索ボタン」が大流行

少し前まで、ほとんどの企業TVCMが「○○○○で検索」といった手法でホームページへ誘導していました。この手法が流行り出したのが2008年末頃からで、2009年から2010年がピーク状態でした。

ピークにさしかかる頃、満期を間近に迎える衆議院が解散総選挙へと進み、その際、当然のように「△△△△で検索」をすべての媒体に掲載しました。その後、この方法はこれからも有効だと考え、現在のところは、住所や電話番号と同じように、URLとメールアドレス、QRコードと検索窓をセットで掲載しています。

さて、あなたは政治家のホームページを閲覧する際、ホームページアドレスを直接入力するでしょうか。ほとんどの人は、しないと答えると思います。前章の「政治家のサイトにSEOはいらない」でも述べたように、政治家の検索は、かならずフルネームです。フルネームで検索すれば、政治家のホームページは検索結果に表示されるのです。

検索窓に入れるフルネームは、第2章の「ひらがな名を使うのは慣習」にて漢字の氏名をお勧めしましたが、ここでは「ポスターに使われている氏名+検索」と入れるのが最も適切です。

しかし、検索窓に「ひのもと政治で検索」と書いていても、一般的には漢字の「日本政治」、他には「日本せいじ」「ひのもとせいじ」と検索する方もおられます。

どのパターンで検索されても良いように、考え得るすべてのパターンの対策をすることが大切です。

ホームページ制作時には、その旨を忘れずに、かならず制作会社にお伝えください。

17. 動画配信はネット選挙の４番バッター

2010 年以降に制作されたホームページには、その多くに動画配信が取り入れられています。2011 年末に行った政治家サイト調査（本章前出）の時点では、248 人中 115 人のサイトに動画が取り入れられていました。

しかし、数年前までは、動画配信には大きな壁がありました。良い動画を掲載しても、閲覧者の環境によっては通信速度が遅いため、快適な視聴が困難でした。そのため、小さなデータ（低画質）にすることが動画制作の鉄則でした。

月日が流れ、パソコン性能の向上や光回線などの普及により、大きなデータ（高画質）でも視聴できるようになりました。しかし、サーバー容量に制限があるため、大きなデータをいくつも置けなかったのです。

ところが、現在では当たり前に利用されている、「YouTube（ユーチューブ）」という米国のサイトが現れ、国内でも「ニコニコ動画」などの動画共有サイトが登場し、動画の活用が容易になりました。

政治家サイトでの動画配信は、撮影や編集に手間がかかるものの、確実に有効なＰＲ法だといえます。解禁前の動画戦略では、政見放送に近い（投票依頼はしません）ものを撮影し、相手候補には気付かれないよう公示日（告示日）になる直前にアップしたものです。

　最近では、YouTubeやニコニコ動画を対象にした「クリック屋」なる業者も現れています。広告収入を狙ってのビジネスのようですが、ネット選挙解禁を狙いアップした動画の「アクセス数を増やしましょうか」といった営業があるかもしれません。如何わしいビジネスですので、くれぐれもご注意ください。

18. スマホサイトは閲覧率50%に

ネット選挙解禁に向けて最も注視すべきなのは、もはやパソコンではなく、スマートフォンかもしれません。2012年の新規契約台数はガラパゴス携帯を大きく上回り、2015年には保有率も50%を超えてくるだろうといわれています。

スマートフォンとガラパゴス携帯の違いはいくつか挙げられますが、インターネットを閲覧するために作られているか、そうでないかが最大の違いといえます。

今までは、携帯電話を前出のQRコードや選挙での電話作戦の新しいツールとしてのみ注目してきました。

しかし、スマートフォンを戦略に取り入れると、ネット選挙解禁と同時に、選挙のスタイルが劇的に変化することは間違いありません。

すでに、弊社制作の政治家サイトの2012年12月衆院選当時でのホームページ閲覧率は、オフシャルサイト、ブログのOS別アクセス平均値が、Androidと iPhoneを合わせると19%台を記録していました。

もちろん、このなかにはタブレット型端末※も含まれますが、タブレットの普及率はスマートフォンとは比較にはならないくらい少ないので、数字に入れなくても良いと思います。

※タブレット型端末【tablet-type device】とは、液晶ディスプレイなどの表示部分にタッチパネルを搭載し、指で操作する携帯情報端末の総称です。

2015 年末迄の向こう 3 年間の動向を、以下のように予想しました。

①2012 年　◎PC75%　△ガラケー 5%　○スマホ 20%
②2013 年　◎PC66%　△ガラケー 4%　○スマホ 30%
③2014 年　◎PC58%　×ガラケー 2%　◎スマホ 40%
④2015 年　◎PC50%　×ガラケー 0%　◎スマホ 50%

◎○△× は、各媒体におけるホームページの必要性を表しています。右側の％は、ホームページの閲覧を 100％とした際の各々の比率を表しています。

19. ネット調査の精度が上がる

第 2 章でご紹介した調査の一部には、従来型の固定電話の調査結果も若干含まれていますが、大半はインターネット（パソコン・一部携帯）を利用したネット調査の結果です。

電話調査にもネット調査にも長所と短所があります。簡単に説明しますと以下のようになります。

① 性別・年代・地域割等のセグメント
〇ネット　△電話 AC　△電話 OP

② 設問数や設問法（画像等の掲載）
◎ネット　× 電話 AC　△電話 OP

③ 回答法
〇ネット　× 電話 AC　△電話 OP

④ 信憑性
△ネット　〇電話 AC　◎電話 OP

⑤ 費用面
◎ネット　△電話 AC　× 電話 OP

ほとんどがネット調査に軍配が上がるものの、信憑性（特に勝敗の情勢）については、現在のところ電話調査のほうが的確といえます。理由は、若い方が固定電話を引かなくなった反動で、電話調査が投票率の高

◎〇△×は、長所・短所の程度を表しています。ACは、コンピューター音声のオートコール方式、OPはオペレーターが会話する方式です。

い高齢者層に偏っていることが挙げられ、その反面、ネット利用者には浮動層が多い傾向にあり、ネット調査のタイミングによっては、まだ投票する候補者を決めてない人が比較的多いことが原因です。

ネット選挙解禁により、選挙に関してのネット利用者が増えると同時に関心度も上がることから、確実にネット調査の信憑性も向上することと思います。

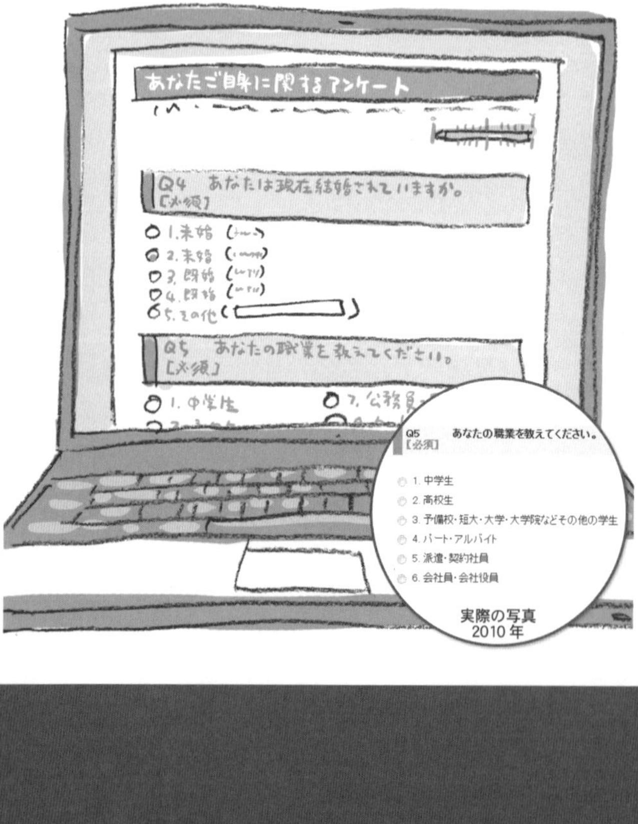

実際の写真
2010年

20. 個人情報漏洩は政治家の命とり

個人情報保護法は、2003 年（平成 15 年）5 月 23 日成立、2005 年（平成 17 年）4 月 1 日全面施行された法律です。立法府である国会、すなわち国会議員はさすがに抜け目なく適応範囲外になっています。

詳しくは「個人情報取扱事業者のうち、その個人情報を取り扱う目的の全部又は一部がそれぞれ当該各号に規定する目的であるときは、前章の規定は適用しない。」とあります。

その中に「政治団体、政治活動（これに付随する活動を含む。）の用に供する目的」と書かれており、一見この法律は無関係に思えますが、そうではありません。すなわち、法律上の罰則が無いというだけであり、世間から白い目で見られ、選挙の票を失うこととは別問題になります。

ネット解禁に伴い、名簿の扱いも今まで通りでは問題が生じ兼ねません。施行当時に私が経営していたＩＴ企業も含め、一般企業の取り扱い例をご紹介します。

顧客データは、1 台のサーバーに集約し、そのサーバーに入る部屋を設け、ドアはもちろん施錠します。社員全員が情報保護の研修を受け、すべてのパソコンは、管理者と本人しか起動させられません。さらに、

社員は、ＵＳＢメモリーなどすべての記録媒体の持ち込みを一切禁止され、添付資料があるメールにはパスワードを設けることも必須でした。

いかがでしょうか。そこまでやっている政治家の事務所を見たことはありませんが、ネット選挙解禁に伴い、政治家の情報漏洩による問題が取り沙汰されるような気がします。くれぐれもお気を付けください。

Ono Satsuki
小野五月

1957年大阪府高槻市生まれ。
2002年衆議院補欠選挙において選挙の企画運営に携わったことをきっかけに、その後も選挙対策のブレーンとして数々のオファーを受けるようになる。2010年にかねてから経営していた企画・デザイン会社「オノ・プランニング・オフィス」の事業形態を変更し、選挙専門の総合プロデュース会社とする。国政選挙、地方選挙などのコンサルを行う傍ら、セミナー、講演など多岐に活動する。携わった選挙は200件を超える。

ネット選挙時代の空中戦完全攻略本

2013年6月15日　初版第1刷発行
2019年5月25日　初版第2刷発行

著　者　小野五月
カバーデザイン　吉原敏文（デザイン軒）
本文デザイン　オノ・プランニング・オフィス
イラスト　ヤマサキタツヤ
発行者　瓜谷綱延
発行所　株式会社文芸社
〒160-0022　東京都新宿区新宿 1-10-1
電話　03-5369-3060（代表）
03-5369-2299（販売）
印刷所　図書印刷株式会社

ISBN978-4-286-14094-0